WAS *wenn*...

WAS *wenn*...

deine Träume mit unserem erstaunlichen Gott verbunden sind?

Beni Johnson
Sheri Silk
Theresa Dedmon • Dawna DeSilva
Jenn Johnson • April LaFrance
Brittney Serpell • Julie Winter

Der englische Originaltitel:
„What if..." von Beni Johnson & Sheri Silk

DESTINY IMAGE® PUBLISHERS, INC. P.O. Box 310,
Shippensburg, PA 17257-0310

Deutsche Ausgabe:

Marienburger Str. 3
71665 Vaihingen/Enz
eMail: verlag@grain-press.de
Internet: www.grain-press.de

Übersetzung aus dem Englischen: Carola von Gehlen
Satz: Grain-Press
Cover: Grain-Press, Adaption der Originalvorlage.
Druck: CPI Germany 25917 Leck

Bibelzitate sind, falls nicht anders angegeben, der Elberfelder Bibel, Revidierte Fassung @1985 und 1992 Brockhaus Verlag Wuppertal, entnommen.

Die Bibelzitate wurden der Deutschen Rechtschreibreform angepasst.

ISBN Nr. 978-3-940538-789
(Amerikanische Originalausgabe: ISBN 978-0-7684-0311-4)

EMPFEHLUNG

Nur wenige Menschen schaffen es, den Kern einer Sache so zu treffen wie Sheri. Ihr tiefes Verständnis für die Menschen und ihre Beziehungen hilft ihr dabei, sich auf einzigartige Weise auf den Himmel auszurichten und so Stärkung und Ermutigung für all diejenigen zu sein, die ihre Botschaft hören. Ihr Beitrag zu *What If* ist für die geschrieben, die Mut und Hoffnung brauchen, um sich nach dem auszustrecken und zu erwarten, was Gott ihnen ins Herz gelegt hat.

Danny Silk (Ehemann)
Senior Leitungsteam der Bethel Gemeinde in Redding (Kalifornien)
Author von „Kultur der Ehre“ und „Erziehung mit Liebe und Vision“

Inhaltsverzeichnis

Einleitung

Was wäre, wenn du in deiner Berufung leben könntest?

Beni Johnson und Sheri Silk

Gott hat eine erstaunliche, erfüllende, lebensverändernde Bestimmung für jeden von uns. Leider gibt es zu viele Frauen in den Gemeinden, die nicht wirklich wissen, wo ihr Platz im Gottes Königreich ist. Sie haben sich damit abgefunden, sich zu verbiegen oder die Dinge zu lassen wie sie sind, doch tief in ihrem Inneren haben sie ein Verlangen nach mehr. Vorsichtig fragen ihre Herzen:

Was wäre, wenn…? Was wäre, wenn ich meinen Träumen nachgehen könnte? Was wäre, wenn ich mehr tun und mehr sein könnte als bisher? Was wäre, wenn ich wirklich erfüllt wäre von meiner Bestimmung und Anteil an Gottes Königreich hätte? Was wäre, wenn ich wirklich etwas bewirken könnte?

Die Antwort auf diese Fragen ist „Du kannst es!" Durch Jesus bist du frei und kannst erstaunliche Dinge tun! Du bist frei, um deinen Träumen nachzugehen! Du bist als Frau gemacht, um Einfluss zu nehmen und durch Deine Bestimmung die Welt zu verändern.

Wir in der Bethel Church, Redding helfen leidenschaftlich gerne den Menschen, zu entdecken, warum und wofür Gott sie erschaffen hat, damit sie dann befähigt werden in ihre Bestimmung hineinzukommen

Wir, die Autorinnen dieses Buches, sind Frauen mit verschiedenen Talenten, Aufgaben und Leitungsfunktionen. Wir wissen aus eigener Erfahrung, was es bedeutet, Gott in Seiner Liebe und in der Freude und Freiheit Seiner Gegenwart, zu erfahren. Aus dieser Begegnung heraus haben wir begonnen, in unsere Berufung hineinzutreten. Dieselbe Liebe und dieselbe Freude und Freiheit kannst auch du mit Gott erleben! Er will dich in Seiner Gegenwart verändern, um dich von all den Fesseln deiner Ängste und Sünden zu befreien und dich aus den Zwängen herauszuholen, die durch die Erwartungen anderer an dich entstehen, damit du entdecken kannst, wer du wirklich in Ihm bist! Deine Identität und deine Berufung in Ihm sind viel aufregender, als du es dir jemals vorgestellt hast.

Der Schlüssel zu deiner Berufung liegt im Verständnis der Güte Gottes und der Freiheit, die durch diese Liebe erst möglich wird. Je mehr du in deine Identität als eine freie Frau hineinkommst, desto mehr wirst du die Pläne Gottes für dein Leben erkennen und sie ausfüllen können.

Freie Menschen träumen mit Gott. Und nur freie Menschen sind sich darüber im Klaren, dass sie die Kraft haben, diese Träume Realität werden zu lassen, um das Königreich überall dorthin zu bringen, wo sie sind.

Wir sind nicht alle in einflussreiche Positionen oder das selbe Umfeld berufen, aber wir sind alle berufen und haben mehr Möglichkeiten, als wir es uns jemals vorstellen können.

Jeder von uns kann im Königreich Gottes mitarbeiten, nicht ein einziger wird ausgeschlossen wegen seiner Herkunft, Vergangenheit, seines Alters oder Geschlechts. Wir sind für die Freiheit geschaffen, damit wir in Zusammenarbeit mit Gott unsere Berufung leben können - um jeden Tag und jedes Jahr größere Träume zu leben! Wir können die Welt verändern!

Dieses Buch wurde geschrieben, um dir zu helfen, deine Identität in Gott zu entdecken und die mächtige Erwartung zu begreifen, die in der Frage „Was wäre, wenn…?“ liegt.

Die Bibel sagt, dass Gott „*…über alles hinaus zu tun vermag, über die Maßen mehr, als wir erbitten oder erdenken, gemäß der Kraft, die in uns wirkt.*“ (Eph. 3,20, Elberfelder).

Sie sagt auch: „*Was kein Auge gesehen und kein Ohr gehört hat und in keines Menschen Herz gekommen ist, was Gott denen bereitet hat, die ihn lieben.*“ (1.Kor. 2,9, Elberfelder). Begrenzungen liegen nicht an Ihm, sondern an uns. Unser Vater sagt: „Erlaubnis erteilt!“

Stell dir vor, was passieren könnte, wenn du es zulässt, dass Gottes Liebe dein Herz ganz durchdringt und du aufhörst, dich vor Ihm oder anderen Menschen oder dir selbst zu fürchten. Was wäre, wenn du tatsächlich die geistliche, emotionale und körperliche Vollständigkeit hättest, die Jesus für dich am Kreuz errungen hat? Was könntest du schaffen, wenn du aufgehört hast dich mit Versagensängsten abzugeben und diesem Gott glauben kannst, der sich wirklich wünscht, dass du mutig deinen Träumen nachjagst!

Die Möglichkeiten sind unendlich und atemberaubend!

Zusammen schaffen wir eine Kultur des Königreiches in Bethel und mit Hilfe unserer Geschichten und Erfahrungen laden wir dich ein, dasselbe zu tun. Wir laden dich ein, darüber nachzudenken:

Was wäre, wenn ich meine Berufung selbst in der Hand hätte und mein Träume zusammen mit diesem erstaunlichen Gott erleben könnte? Was wäre, wenn…?

1. KAPITEL

BEKANNT SEIN

Sheri Silk

Eines Tages fuhr unsere Tochter Brittney gemeinsam mit ihren Brüdern im Auto an den Autoschalter einer Bank. Sie lachten und hatten eine gute Zeit zusammen. Als sie dann an den Schalter fuhr, legte Brittney ihren Einzahlungsbeleg und ihren Scheck in das kleine Fach und schob es rein. Nachdem die Kassiererin die Sachen erhalten hatte, fragte sie über die Lautsprecher: „Hallo Brittney, wie geht es Ihnen heute?“ „Gut, danke.“, sagte Brittney, drehte sich zu ihren Brüdern um und meinte: „Die kennen mich hier. Ich komm immer hier her.“ Ihre Brüder lachten los: „Ja sicher! Die kennen Deinen Namen, weil der auf Deinem Scheck steht, Brittney!“

Wir allen wollen bekannt sein. So wie Brittney mögen wir es gern, wenn die Leute uns mit Namen ansprechen, aber genauso wollen wir, dass sie uns akzeptieren, ja sogar, dass sie uns verehren.

Wir möchten beides bekannt und auch anerkannt sein. Es ist toll, wenn die Menschen uns beachten und unseren Namen kennen, aber wir wollen mehr; wir sehnen uns nach jedem Hinweis, der darauf hindeutet, dass sie uns lieben. Wir brauchen diese Vertrautheit in unserem Alltag.

Das Gleiche gilt für unsere Beziehung mit Gott. Tief in unserem Inneren sehnen wir uns danach, dass unser Schöpfer uns kennt und wir wollen sicher sein, dass es so ist. Wir haben ein angeborenes Bedürfnis, mit Gott verbunden zu sein. David hat das so schön ausgedrückt, als er schrieb:

> *„Erforsche mich, Gott, und erkenne mein Herz. Prüfe mich und erkenne meine Gedanken! Und sieh, ob ein Weg der Mühsal bei mir ist, und leite mich auf dem ewigen Weg!" (Ps. 139, 23-24, Elberfelder)*

Suchen und erkennen

Als ich Jesus mein Leben gab, war ich erst 21 Jahre alt, aber schon als Teenie hatte ich viele Fehler gemacht und mir selbst und anderen damit geschadet. Ich bekehrte mich in der Gemeinde in Weaverville, in der Bill Johnson zu der Zeit Pastor war. Als ich nach vorne ging, um Jesus mein Leben zu geben, fragte ich Bill: „Wird Gott mich noch wollen, wenn Er mich wirklich kennengelernt hat?" Ich glaubte- wie wir das so oft tun- dass ich aufgrund meiner schlechten Taten weniger liebenswert sei. Ich wollte wirklich gerne, dass Gott mich kennt, aber ich hatte gleichzeitig Angst, dass ich dann zurückgewiesen werde. Andere Menschen hatten mich abgelehnt und ich dachte, dass Gott das vielleicht auch tun würde. Besonders, wenn Er sehen würde, wie schlecht ich eigentlich war. Wenn man in Psalm 139,23 vom Suchen und Erkannt werden liest, scheint das vielleicht auf den ersten Blick beängstigend zu sein, aber wir brauchen uns davor nicht zu fürchten. Er sucht uns nicht, um uns zu verdammen, sondern um uns von unseren Sünden reinzuwaschen.

Das amerikanische Lexikon „American Heritage Dictionary" (dritte Ausgabe) definiert das Wort „suchen" wie folgt: „Etwas nachjagen, erwarten, erforschen, erkunden, in etwas herumwühlen".

Ich liebe den Gedanken, dass Gott in meinem Herzen „herumwühlt" und mir hilft, die Teile meines Herzens wieder zu entdecken, die ich verloren oder übersehen habe.

Ich habe selber drei Kinder geboren und war daher häufig beim Arzt und deshalb weiß ich auf eine sehr persönliche Weise, was „suchen" bedeutet! Jede Mutter wird bestätigen können, dass man vor und während einer Geburt jeden noch so intimsten Körperteil zur Untersuchung entblößen muss. Die Privatsphäre, die man vor der Mutterschaft hatte, existiert dann nicht mehr. So ist es auch mit Gott- unsere Seele ist vor Ihm entblößt, und Er untersucht sie.

Eine meiner Lieblingsszenen aus dem Film „Der letzte Mohikaner“[1] verdeutlicht diese Vorstellung sehr gut. Einige der Charaktere verstecken sich in einer Höhle hinter einem Wasserfall, doch der Feind kommt näher. Der Held- Nathaniel Hawkeye- weiß, dass er gehen muss, weil seine Gegenwart den Tod aller anderen zur Folge haben würde. Trotzdem will er sie nicht dort zurücklassen, vor allem nicht die schöne Cora. Bevor er den Wasserfall hinunterspringt, bittet er sie eindringlich: „Du bist stark, du überlebst!... Bleib am Leben, egal was passiert! Ich werde dich finden!“

Diese Art von Intensität, diese Art von Suchen ist etwas, wonach sich unsere Herzen sehnen.

Das ist es, was Gott meint, wenn Er sagt, dass Er uns suchen wird und wir davor keine Angst zu haben brauchen.

Ich sage gern, „Intimität“ bedeutet „Du siehst in mich hinein.“ In Wahrheit bedeutet es „Du siehst in mich hinein, weil ich mich Dir öffne“. Es ist eine Einladung, zu verstehen und vertraut miteinander zu sein.

Natürlich können wir argumentieren, dass Gott sowieso alles über uns weiß. Er hat uns geschaffen und Er ist allwissend. Das ist wahr, doch es ist genauso wahr, dass Er die Beziehung zu uns so gestaltet hat, dass wir mit Ihm reden und uns Ihm mitteilen müssen.

Er möchte kein roboterhaftes Wissen über uns haben. Es ist vielmehr der Herzenswunsch Gottes, uns zuzuhören, wenn wir mit Ihm reden- wenn wir uns Ihm bereit-

---

1 *„Der letzte Mohikaner“, von Michael Mann (Ashville, NC: Morgan Creek Productions, 1992), basierend auf dem Roman von James Fennimore Cooper*

willig öffnen. Er wünscht sich, dass wir unsere Herzen mit Ihm teilen, dass wir Ihn einladen, uns zu „suchen" und zu „kennen". Die Wahrheit ist, dass wir uns vor Gott nicht schützen müssen, denn Er ist unser Versorger und Beschützer, unser Freund und Geliebter, unser Ratgeber und Tröster! Es ist sogar zu unserem Vorteil, wenn wir Ihn willkommen heißen. Unser Gebet sollte sein:

> *„Du siehst in mich hinein, weil ich es Dir erlaubt habe. Ich brauche mich vor Dir nicht zu schützen. Stattdessen bitte ich Dich: Komm und such mich und erkenne mich, führe und leite mich, geh Du vor mir her und präge mich! Ich vertraue Dir!"*

Verstecken ist nicht nötig

Wie bei allen Dingen haben wir auch hier eine Wahl. Wir können Ihn einladen, oder wir können sagen: „Auf gar keinen Fall kommst Du in mein Herz rein- es sei denn, Du verschaffst Dir gewaltsam Zutritt!" Wir brauchen keine Angst vor Gottes Suchen zu haben. Was sollte Er finden, was Er nicht schon längst kennt? Nichts. Aber Gott möchte kein kognitives Wissen über uns, denn das hat Er schon. Und das, was Er weiß, hat Ihm keinen Schrecken eingejagt. Er will uns erleben, Er möchte in unseren Herzen willkommen sein. Das ist der einzige Weg, um mit Ihm wahre Intimität zu erleben- egal, wie viel Er über uns weiß.

So oft versuchen wir, uns vor anderen zu schützen, Gott eingeschlossen. Die Ehe ist ein perfektes Beispiel. Eine Frau mag sich danach sehnen, dass ihr Ehemann sie wirklich kennt, aber statt sich ihm zu öffnen und ihm zu sagen, was sie braucht, lässt sie ihn raten. Und wenn er sie falsch versteht, dann nimmt sie das als Beweis, dass sie sich vor ihm verstecken muss, weil er sie nicht wirklich zu kennen scheint. Früher habe ich das oft mit meinem Mann Danny getan. Ich benutzte Wut um mich zu schützen, weil Wut mir das Gefühl gab, Macht zu haben. Ich habe nicht erkannt, dass Wut falsche Macht ist, und wahre Stärke bedeutet ehrlich zu sagen, was los ist und was ich wirklich brauche.

Ich bin zum Beispiel richtig wütend geworden, wenn Danny sehr schnell gefahren ist. Ich habe ihn angebrüllt und ihm gesagt, er solle vernünftig fahren und auf die Sicherheit der Kinder achten (obwohl die natürlich den schnellen Fahrstil geliebt haben). Dadurch ist ein Machtkampf zwischen Danny und mir entstanden, aber keiner von uns hatte Spaß daran. Schließlich hab ich gelernt, in mich hineinzuhorchen um mich zu fragen, warum ich so ärgerlich wurde und was ich denn eigentlich gebraucht hätte. Ich erkannte, dass ich Dannys schnelles Fahren deshalb nicht mochte, weil ich mich nicht sicher fühlte. Und ich fand heraus, dass er wesentlich besser reagierte, wenn ich ihm sagte: „Du machst mir Angst und ich bitte dich, etwas langsamer zu fahren, damit ich mich sicher fühlen kann.“, anstatt einfach zu schreien: „Fahr langsamer, du Idiot! Du bist zu schnell!“

Weißt du, wie du Gott sagst, was du fühlst und was du brauchst? Weißt du, dass du mit Ihm ganz normal wie mit einer anderen Person reden kannst, wie mit deinem besten Freund? Er möchte, dass du aufhörst, dich vor Ihm zu schützen und Ihn stattdessen willkommen heißt. Er wartet darauf, Deine Einladung zu hören, dass Du Ihm ganz nah sein möchtest. Er wünscht sich diese Intimität mit Dir.

Seine Stimme kennen

In Joh. 10, 11-14, gibt Jesus uns ein Bild davon, wie Er sich unsere Beziehung vorstellt:

> *„Ich bin der gute Hirte; der gute Hirte lässt sein Leben für die Schafe. Wer Lohnarbeiter und nicht Hirte ist, wer die Schafe nicht zu eigen hat, sieht den Wolf kommen und verlässt die Schafe und flieht - und der Wolf raubt und zerstreut sie -, weil er ein Lohnarbeiter ist und sich um die Schafe nicht kümmert. Ich bin der gute Hirte; und ich kenne die Meinen, und die Meinen kennen mich"*

Er möchte uns kennen und Er möchte, dass wir Ihn kennen. Er will, dass wir Seine Stimme erkennen, wenn Er ruft- wie ein guter Freund, der sich am Telefon nicht erst vorstellen muss. Wir alle haben solche Freunde, deren Stimmen wir sofort erkennen. Jesus möchte einer von diesen Freunden sein.

Das Gleichnis vom guten Hirten erinnert mich daran, wie Maria Magdalena Jesus zum ersten Mal nach Seinem Tod und Seiner Auferstehung wieder traf. Sie wusste nicht, dass er lebte und stand an Seinem Grab und weinte um Ihn. Sie drehte sich um, als sie Jesus sah, aber sie erkannte Ihn nicht, sondern dachte, Er sei der Gärtner. Er fragte sie, nach wem sie suchte- aber sie erkannte Ihn immer noch nicht- solange, bis Er sie beim Namen nannte: „

Jesus spricht zu ihr: Maria! Sie wendet sich um und spricht zu ihm auf Hebräisch: Rabbuni! - das heißt Lehrer." (Joh. 20,16, Elberfelder).

Aus welchem Grund auch immer, Maria erkannte Ihn nicht, bis Er ihren Namen nannte- bis Er ihr zu verstehen gab: „Ich kenne dich! Ich sehe dich! Ich liebe dich!"

Maria hatte Jesus in ihr Leben eingeladen und ihn überschwänglich geliebt, so sehr, dass Jesus sie auswählte, um sich nach Seiner Auferstehung zuerst ihr zu zeigen.

Er wählte sie sogar vor Petrus und Johannes (der Jünger, den Jesus liebte). Er wartete, bis sie sich in ihren Häusern versteckt hatten, um sich ihnen zu zeigen. Das ist die Art von Intimität, nach der Er sich mit jedem von uns sehnt.

Auch wenn es sich beängstigend anfühlen mag, brauchen wir uns nicht zu fürchten. Er wird uns nicht enttäuschen, wie andere Menschen es tun. Wenn wir uns den Menschen nähern, entdecken wir ihre Grenzen. Und egal wie besonders sie sein mögen, sie werden nicht immer da sein können, wenn wir sie brauchen. Eine meiner Haupt-Liebessprachen ist, qualitativ wertvolle Zeit miteinander zu verbringen. Wenn ich von der Arbeit nach Hause komme, dann ist es mein Bedürfnis, Danny alles zu erzählen, was passiert ist, seit ich ihn das letzte Mal gesehen habe. Er macht das wirklich toll mit und hört mir zu, aber auch er hat seine Grenzen. Manchmal rede und rede ich, bis seine Augen ganz glasig werden vor lauter Informationen. Er ist nur ein Mensch. Glücklicherweise hat Gott keine Grenze für Qualitätszeit mit mir oder dir. Im Gegenteil-

Er ist fähig, alles für alle Menschen zu sein- und uns so zu lieben, wie es unseren Bedürfnissen am meisten entspricht.

Von Liebe geleitet

Verbunden mit dem Gedanken des Suchens ist der Gedanke des Leitens. David beendete seine Bitte an Gott, ihn zu durchforschen, mit dem Gebet: *„... und* ***leite mich*** *auf dem ewigen Weg."* (Ps. 139,24, Elberfelder). Sich von Gott durchforschen und erkennen lassen hat zur Folge, dass man von Seiner Liebe geleitet wird. Gott möchte uns nicht einfach mitschleppen- Er weigert sich sogar, so etwas zu tun. Er möchte, dass wir Ihm folgen, und dass wir uns von Ihm leiten lassen, weil wir Ihn lieben.

Jeremia 31 prophezeit GottesVerlangen nach Menschen, die nicht vor Ihm weglaufen, sondern Ihm aus Liebe folgen.

> *„Siehe, Tage kommen, spricht der HERR, da schließe ich mit dem Haus Israel und mit dem Haus Juda einen neuen Bund: nicht wie der Bund, den ich mit ihren Vätern geschlossen habe an dem Tag, als ich sie bei der Hand fasste, um sie aus dem Land Ägypten herauszuführen - diesen meinen Bund haben sie gebrochen, obwohl ich doch ihr Herr war, spricht der HERR. Sondern das ist der Bund, den ich mit dem Haus Israel nach jenen Tagen schließen werde, spricht der HERR: Ich werde mein Gesetz in ihr Inneres legen und werde es auf ihr Herz schreiben. Und ich werde ihr Gott sein, und sie werden mein Volk sein. Dann wird nicht mehr einer seinen Nächsten oder einer seinen Bruder*

lehren und sagen: Erkennt den HERRN! Denn sie alle werden mich erkennen von ihrem Kleinsten bis zu ihrem Größten, spricht der HERR. Denn ich werde ihre Schuld vergeben und an ihre Sünde nicht mehr denken.“ (Jer. 31, 31-34, Elberfelder)

Gott hält Ausschau nach Menschen, die keinen Vertrag, sondern eine Liebesbeziehung zu Ihm haben möchten. Nicht nur, dass Er uns kennen möchte, sondern Er möchte auch, dass wir Ihn kennen. Er sagt: „*...alle werden mich erkennen...*“ Das ist das Endziel Seines Suchens, dass wir uns an diesem Ort der Nähe und Intimität in Ihn verlieben und anfangen, Ihm aus Liebe zu folgen.

Was sagst du, wer ich bin?

In Matthäus 16 sehen wir Jesus Wunsch, erkannt zu werden, als Er Seine Jünger fragt: *„Was sagt ihr, wer ich bin?“*

„Als aber Jesus in die Gegenden von Cäsarea Philippi gekommen war, fragte er seine Jünger und sprach: Was sagen die Menschen, wer der Sohn des Menschen ist? Sie aber sagten: Einige: Johannes der Täufer; andere aber: Elia; und andere wieder: Jeremia oder einer der Propheten. Er spricht zu ihnen: Ihr aber, was sagt ihr, wer ich bin? Simon Petrus aber antwortete und sprach: Du bist der Christus, der Sohn des lebendigen Gottes. Und Jesus antwortete und sprach zu ihm: Glückselig bist du, Simon, Bar Jona; denn Fleisch und Blut haben es dir nicht offenbart, sondern mein Vater, der in den Himmeln ist.“ (Matt. 16, 13-17, Elberfelder)

Die Menschen, die Jesus nicht wirklich kannten, waren verschiedener Ansicht. Sie hatten Ihn beobachtet, Seine Worte von weitem gehört und Ihn falsch eingeschätzt. Sie dachten, sie würden Ihn kennen, aber dem war nicht so. Petrus kannte die richtige Antwort. Er kannte Jesus. Und Jesus beglückwünschte ihn dafür, dass er wusste wer Jesus war. Man kann die Aufregung in Jesus Worten förmlich hören- die Freude, wirklich bekannt zu sein. Es ist so, als würde Er rufen: „Endlich kannst du mich sehen! Endlich fängst du an, mich zu kennen und zu lieben!"

Don Potter schrieb ein Lied darüber mit dem Titel „Was sagst du, wer ich bin?"[2].Vor Jahren hab ich ihn dieses Lied auf einer Morning Star Konferenz singen hören. Als er die folgenden Verse sang, spürte man, wie sich eine geistliche Kraft im Raum aufbaute:

> „Kommt zu mir, meine Kinder, ich möchte euch etwas fragen.
>
> Wir haben die geliebt, die uns vorher nicht liebten.
> Wir haben versucht, ihren Durst zu stillen."

In der ersten Zeile spricht Jesus und danach antworten die Jünger Ihm. Das Lied geht so weiter, mit vielen Fragen und Antworten. Die ganze Zeit über baute sich diese geistliche Kraft weiter und weiter auf, bis Don Potter zum Refrain kam:

„Was sagen sie, wer ich bin?

Was sagst du, wer ich bin?

---

2 Don Potter, „Who do you say I am?" http://www.lyricstime.com/don-potter-who-do-you-say-i-am-lyrics.html (aufgerufen am 27.April 2012)

Was sagen sie, wer ich bin?

Was sagst du, wer ich bin?“

Plötzlich erloschen die Lichter. Der Strom im ganzen Gebäude ging in dem Moment aus, als wir gerade dabei waren, die Antwort auf dieses „Was sagst du, wer ich bin?“ zu singen. Die Gegenwart Gottes in diesem Moment war unbeschreiblich. Es war, als würde Gott uns dieselbe Frage stellen, um uns einzuladen, Ihn wirklich kennenzulernen. Keiner konnte etwas sehen und wir fragten uns, was wohl als nächstes passieren würde. Genauso plötzlich ging der Strom wieder an, und die Band, die auch ohne Verstärker und Mikrofone weitergespielt hatte, setzte einfach da wieder ein, wo das Lied unterbrochen worden war.

„Einige sagen, Elia, andere sagen, Johannes, aber was sagt Ihr, wer ich sei?

Du bist Christus.

Du bist der Herr.

Du bist der Messias, Gott über alles.

Du bist der Herr der Menschheit.

Jetzt erkenne ich „ICH BIN“

Du bist der Herr.“

Gott fragt dich: „Was sagst du, wer ich bin?“ Wer ist Er in Deinem Leben? Was sagst du den Menschen, wer Er ist? Wir allen wünschen uns, so erkannt zu werden, wie wir wirklich sind. Gott geht es nicht anders, Er möchte, dass Du Ihn kennst!

ECHTE BEZIEHUNG

Eines Tages sprach ich mit einem Mann, ein sehr erfolgreicher Geschäftsmann Mitte dreißig, der ein sechsstelliges Jahresgehalt verdiente. Er hatte eine nette Familie und versorgte sie sehr gut. Er erzählte mir von seinem Vater: „Mein Vater will ständig alles über meinen Job wissen. Er will wissen, wie viel Geld ich verdiene, was ich besitze, was ich für ein Auto fahre...- aber er interessiert sich nicht dafür, wer ich wirklich bin."

Dieser Mann fährt ein schönes Auto, aber dafür möchte er nicht bekannt sein und wertgeschätzt werden. Stattdessen wünscht er sich, sein Vater würde einmal nach seinem Herzen, seinen Gedanken und Träumen fragen-nach den Dingen, die in ihn in Wahrheit ausmachen.

Wir alle können diesen Wunsch nachfühlen, bekannt zu sein, aber nicht wegen der Dinge, die wir besitzen oder erreicht haben, sondern für dass, was uns im Innersten ausmacht. Wir wollen Liebe, die bleibt, wenn das, was wir tun oder haben nicht besonders aufregend ist.

Im Gegensatz zu diesem Mann haben wir glücklicherweise einen Vater, der sich um unser wahres „ich" sorgt und der dich suchen und bis ins Innerste kennen möchte. Er hofft auf eine Einladung von dir! Wann hast du zum letzten Mal mit Ihm geredet- ich meine, wirklich geredet?

Oder kennen Deine Freunde dich besser als Er? Du musst nicht unbedingt Worte benutzen. Gott braucht keine Worte, um mit dir zu reden. Er hat viele verschiedene Möglichkeiten, dir Seine Liebe zu zeigen.

Danny und ich haben eine gute Ehe. Wir haben viel Zeit und Energie dafür investiert. Wenn wir in einer Besprechung sitzen und viele andere wichtige Dinge um uns herum passieren, dann kann ich in seine Augen sehen und seine Liebe für mich erkennen, ohne dass ein Wort gefallen ist. Wir brauchen keine Worte. Als meine Mutter an Krebs starb konnte sie gegen Ende nicht mehr richtig sprechen. Deshalb lag ich einfach mit ihr zusammen auf dem Bett und habe ihr in die Augen geschaut Sie streckte ihren Arm zu mir aus und streichelte mit ihrem Daumen meine Wange. Wir brauchten keine Worte. Ein Blick oder eine Berührung kann alles sagen, sie sagt: „Ich sehe dich. Ich weiß, dass du da bist. Du bist mir wichtig. Ich weiß, wer du bist und was dich bewegt."

Jeder von uns hat Freunde, zu denen wir so eine Verbindung haben. Die Frage ist, haben wir diese Verbindung auch zu Gott? Er weiß schon alles über uns, wenn wir aber so eine tiefe Beziehung zu Ihm haben wollen, dann sollten wir ihm die Tiefen unseres Herzens zeigen!

Etwas über eine Person zu wissen ist nicht dasselbe, wie sie im tiefsten Innern zu kennen. Wir können vor Gott nichts geheim halten, weil Er Gott ist, aber eine Beziehung mit Ihm einzugehen, erfordert immer eine Entscheidung. Beim „Kennen" geht es um Beziehung, deshalb möchte Er eine Einladung haben. Deshalb möchte Er unsere Gedanken und Träume in allen Einzelheiten von uns persönlich hören.

Mehr Zugang bekommen

Einer der Vorteile von Intimität ist, dass wir mehr Zugang zu einer Person bekommen. Wenn ich jemanden besser kenne, darf ich tiefer gehen. Ich bekomme spezielle Privilegien in unserer Beziehung, die nicht jeder einfach so haben kann. Manche Menschen halte ich lieber auf Distanz, andere dürfen ein bisschen näher kommen und wieder andere dürfen ganz rein kommen. Je mehr ich mein Herz mit einer anderen Person teile, desto mehr Zugang hat diese Person zu mir. Ich vertraue ihr, dass sie mich wirklich kennt und mein Herz mit den Dingen, die mich bewegen, schützt.

Als unsere Kinder noch zu Hause wohnten, hatten sie freien Zugang zu allen Veranstaltungen in Bethel. Wenn in Bethel eine Konferenz stattfand, dann schrieb unser Sohn Taylor auf die Rückseite seines Namensschilds (was die Eintrittskarte für die Konferenz war): „Danny Silks Sohn-unbegrenzter Zutritt“ Das hieß, er musste sich nicht auf die Haupträume der Konferenz beschränken, sondern hätte auch das Essen im Speisesaal für die Gäste essen können, wenn er gewollt hätte. Er hatte vollen Zutritt, weil er ein Sohn war, und er hatte kein Problem damit, daraus seinen Vorteil zu ziehen.

Kindern ist diese Wahrheit erstaunlich klar. Sie fragen nicht groß: „Ist es ok, wenn ich mich auf Papas Schoß setze?“- sie machen es einfach. Sie wissen, dass sie vollen Zutritt haben- egal wann. Gott möchte, dass unser „Kennen“ dieses Ausmaß erreicht.

Er möchte, dass wir uns in Seiner Nähe so wohl fühlen, dass wir jederzeit „einfach auf Seinen Schoß klettern“. Als Seine Kinder haben wir vollen Zutritt zu Ihm und je weiter und tiefer wir mit Ihm gehen, desto mehr finden wir heraus, dass Sein Schoß der sicherste und beste Platz ist, um unsere alltäglichen Probleme zu lösen und geheilt zu werden.

Es ist der beste Platz auf der ganzen Welt, aber wenn du Angst vor Nähe hast- davor, durchforscht und erkannt zu werden- dann wirst du dort nicht hingehen. Du wirst versuchen, dich zu verstecken und zu schützen, und du wirst den Zugang zu der besten Beziehung, die du jemals haben kannst, verpassen. Lass es dir nicht entgehen! Lade Gott ein, dich zu suchen, zu kennen und zu leiten. Egal, was in dir vorgeht- Gott hat keine Angst davor! Ob Du dich für Deine Sünden schämst oder fast platzt vor lauter Träume und Ideen- Gott will es hören. Er möchte, dass du Ihm etwas über dich erzählst und Ihn ganz hineinlässt.

Also hör auf damit, Angst vor Ihm zu haben und erkenne, wer du bist! Er möchte, dass du wie ein Kind zu Ihm kommst, mit vollem Zutritt, weil Er Dich kennen will und von Dir erkannt werden möchte. Er möchte Dir Sein Herz geben!

2. KAPITEL

KINDER DES GEHORSAMS

Von Dawna de Silva

Als meine Jungs noch klein waren, habe ich nachmittags zu Hause Nachhilfeunterricht für Oberstufenschüler in Englisch, Spanisch und Deutsch gegeben. Ich erinnere mich an einen Tag, an dem ich den ganzen Morgen damit verbracht hatte, Spielzeug wegzuräumen und das Haus sauber zu machen. Alles war wieder ordentlich: Das Geschirr im Schrank, die Klamotten sauber gefaltet in den Schränken und alle Spielzeuge in kleine stapelbare Plastikboxen sortiert und verstaut.

Bevor meine Schüler an diesem Nachmittag kamen, bat ich meine Jungs, leise in ihrem Zimmer zu spielen und keine Unordnung zu machen, während Mami arbeitet. Ungefähr zehn Minuten, nachdem der Nachhilfeunterricht begonnen hatte, hörte ich einen lauten Krach, gefolgt von leiserem Gepolter aus dem Zimmer der Jungs. Ich ging nach oben, um nachzuschauen, was los war, und fand Tim in seinem Zimmer sitzend- umringt von allen Spielzeugen, die ich vorher in die Plastikboxen sortiert hatte.

„Timothy James de Silva...", setzte ich an. Plötzlich- während ich durch das Zimmer ging, schoss mir der Gedanke durch den Kopf, dass mein willensstarker Zweijähriger das eventuell nicht gemacht hatte, um mich absichtlich herauszufordern. Vielleicht hatte er einfach friedlich versucht, ein Spielzeug aus dem obersten Behälter zu holen und hatte beim Ergreifen seiner Beute versehentlich alles umgeworfen. Mitten mit Lauf hielt ich an und fragte laut: „Timothy, hast du das mit Absicht oder aus Versehen gemacht?" Natürlich weiß ich, dass es nicht gut ist, einem Kind diese Frage zu stellen, aber ich wollte versuchen herauszufinden, ob das schon wieder eine seiner rebellischen Aktionen war, oder wirklich ein Versehen. Er sah zu mir hoch und guckte dann wieder zu seinen Spielzeugen, als würde er mich ignorieren. Ich kam langsam richtig auf Touren und war bereit, jeden Anflug von Ungehorsam zu bestrafen, als er plötzlich zu mir aufsah und mit einem unschuldigen Blick fragte: "Mami, was muss ich jetzt sagen, damit du nicht schimpfst?"

Geht es uns mit Gott nicht manchmal ähnlich? Viele von uns gehorchen doch, weil sie Angst haben, eine „Ohrfeige" zu bekommen, nicht, weil sie verstanden haben, dass Gott nur das Beste für uns im Sinn hat und an unserem Schutz und unserer Berufung arbeitet. Folgen wir seiner Leitung, weil wir Angst haben, danebenzutreten- zu versagen? Oder folgen wir Ihm, weil wir wissen, dass Seine

Schritte uns zu stillen Wassern führen, wo Er unsere Seele erneuert? Leider folgen Ihm viele Menschen nur aus Angst und uns ist nicht klar, dass Gehorsam kein Maßstab für unsere Beziehung ist. Er ist uns als Waffe gegeben, um „Festungen zu zerstören".

Schon allein das Wort „Gehorsam" macht manche Leute nervös oder ängstlich. Von ihnen wurde ein pervertierter Gehorsam eingefordert: Gehorchen um jeden Preis, egal ob der Gehorchende Schaden nimmt! Manche haben in ihren Elternhäusern Missbrauch erfahren und hatten keine Chance, sich dagegen zu wehren. Sie mussten Seite an Seite mit den Tyrannen leben, die ihnen täglich Leid zufügten. Andere haben sich auf unheilige oder ungesunde Art einem anderen Menschen untergeordnet. Irgendwann haben sie ihre Herzen völlig verschlossen und können nun keiner Autorität mehr vertrauen.

Wenn das auf Dich zutrifft, dann fordere ich Dich jetzt heraus, genau hinzuhören, was ich in diesem Kapitel sage! Lass den Feind keinen einzigen Tag mehr gewinnen! Öffne lieber Deine Augen und erkenne, dass diese Perversion von Autorität eine Taktik des Teufels ist, um Dir eine extrem wertvolle Waffe zu stehlen, die Dir helfen kann, den Kampf in deinen Gedanken zu gewinnen. Ich glaube, dass der Schlüssel, um die Stimme des Feindes mit seinen Lügen, die er in Deine Gedanken spricht, verstummen zu lassen, in unserer Fähigkeit liegt, sich einer sicheren Autorität auf richtige Weise unterzuordnen und als Kinder des Gehorsams zu leben.

Hier ist mein Gebet für Dich:

„Herr, ich bete, dass diejenigen, die dieses Kapitel lesen und versucht sind, das Buch wegzulegen und das Gelesene auszublenden, sich einen Moment Zeit nehmen, um nach Dir zu fragen und Deine Aufforderung zu hören. Herr, gib diesen Lesern den Mut, denen zu vergeben, die sie missbraucht haben (und sich selbst auch, wenn es nötig ist) und löse jedes Urteil, das sie gegen sich selbst, andere oder sogar gegen Dich, Gott, gefällt haben. Während sie tapfer ihren Schmerz loslassen, bitte ich Dich, dass Du ihren Geist offen machst für diese Wahrheit, dass sie eine mächtige Waffe in ihrer Hand führen.“

Die Waffe des Gehorsams schwingen

Wir alle erleben Momente der Entmutigung, wo wir mit den Lügen des Feindes bombardiert werden. Sogar die großen Helden der Bibel mussten sich entscheiden, welcher Stimme sie zuhören wollten. Stell dir vor, was passiert wäre, wenn Mose weiterhin auf die Stimme der Entmutigung gehört hätte, als Gott ihn aufforderte, die Israeliten aus Ägypten zu führen. Stell dir vor, wie es hätte ausgehen können, wenn Paulus im Angesicht von Verfolgung, dem religiösen Geist Raum gegeben hätte. Sie hätten den Weg verpasst, den Gott für sie bereitet hatte. Sie waren dazu berufen, die Welt zu verändern und glücklicherweise sind sie diesem Ruf gefolgt. Sie entschieden sich, Gottes Stimme zu folgen und brachten die Lügen des Feindes zum Schweigen. Wir können das genauso tun! Die entscheidende Frage ist: Was passiert, wenn du der Stimme des Feindes weiter zuhörst, während Gott dich auffordert, etwas zu tun? Oder was wäre, wenn dein Gehorsam diese Stimmen tatsächlich verstummen lassen könnte?

Wenn wir uns erst mal von dem falschen, missbräuchlichen Gehorsam distanziert haben, können wir den wahren Gehorsam annehmen. Und dann können wir diesen richtigen Gehorsam in die Waffe verwandeln, die Gott sich vorgestellt hat- und beginnen den Feind zu besiegen.

Um das zu tun, müssen wir erstens die große Bedeutung von Gehorsam verstehen und zweitens den Mut aufbringen, uns einer sicheren, liebevollen Autorität zu unterstellen.

Bevor Du die folgenden Verse liest, nimm Dir einen Moment um die Brille des Misstrauens, Schmerzes, Missbrauchs und der Bitterkeit abzusetzen. Wenn Du diese Sichtweisen an Gott abgegeben hast, sieh Dir die folgenden Schriftstellen an:

> *„Und Mose und die levitischen Priester redeten mit ganz Israel und sprachen: Merke auf und höre, Israel! Am heutigen Tage bist du ein Volk des HERRN, deines Gottes, geworden, dass du der Stimme des HERRN, deines Gottes, gehorsam seist und tust nach seinen Geboten und Rechten, die ich dir heute gebiete."* (5. Mose 27, 9-10, Elberfelder)

„Gehorcht euren Lehrern und folgt ihnen, denn sie wachen über eure Seelen - und dafür müssen sie Rechenschaft geben -, damit sie das mit Freuden tun und nicht mit Seufzen; denn das wäre nicht gut für euch."
(Hebr. 13,17, Elberfelder)

„Samuel aber sprach: Meinst du, dass der HERR Gefallen habe am Brandopfer und Schlachtopfer gleichwie am Gehorsam gegen die Stimme des HERRN? Siehe, Gehorsam ist besser als Opfer und Aufmerken besser als das Fett von Widdern."
(1. Sam. 15,22, Elberfelder)

Diese Verse zeigen uns eine Menge über Gottes Sicht von Gehorsam. Der Ton, den wir beim Lesen heraushören, ist allerdings davon abhängig, wie unsere Einstellung zu Autorität ist- ob wir sie wohlwollend oder diktatorisch sehen.

Um uns zu helfen, aus unserer negativen Sicht herauszukommen, sehen wir uns Gehorsam Gott gegenüber anhand eines der geläufigsten biblischen Bilder an: Gott den Vater. Einem guten Vater. Gott erfreut sich nicht daran, Seinen Kinder vorzuhalten: „Ich hab es Dir doch gleich gesagt!", wenn sie verzweifelt oder in Tränen aufgelöst sind, weil sie eine schlechte Entscheidung getroffen haben, obwohl sein Wort klar betont hat: „Mach das nicht!". Nein, es bricht sogar sein Herz, wenn er zusehen muss, wie Seine Kinder den Konsequenzen ihres Handelns gegenüber stehen, weil sie Seine Ratschläge nicht beachtet haben.

Gott ist keine unbarmherzige, unsichere Autoritätsperson, die Seine Position ausnutzen will, um uns Leid zuzufügen. Er ist keiner dieser misshandelnden Väter, Brüder oder „Freunde der Familie“, durch die so viele von uns verletzt wurden. Er ist auch kein diktatorischer Chef, der uns keine Stimme oder Wahl lässt. Er ist der wahre Liebhaber unserer Seele! Er möchte unser Vertrauen gewinnen, damit wir wissen, dass Sein Herz für uns schlägt. Seine Ratschläge sind auf Weisheit gegründet und auf Seine Position als derjenige, der in den Himmeln sitzt und unsere Situation von jeder möglichen Seite aus betrachten kann.

Er möchte, dass wir die mächtige Waffe des Gehorsams schwingen, um den Feind zu besiegen.

So wie der Apostel Paulus schreibt:

> *„Auch ihr wart tot durch eure Übertretungen und Sünden, in denen ihr früher gelebt habt nach der Art dieser Welt, unter dem Mächtigen, der in der Luft herrscht, nämlich dem Geist, der zu dieser Zeit am Werk ist in den Kindern des Ungehorsams.“*
> (Eph. 2, 1-2, Elberfelder)

Wie dieser Vers sagt, leben wir in Übertretungen und Sünden, wenn wir dem Mächtigen, der in der Luft herrscht, gehorchen (was bedeutet, dass wir ungehorsam gegen Gott sind). Das heißt, das Gegenteil ist genauso wahr: Wenn wir im Gehorsam Gott gegenüber leben, finden wir Ruhe vor den Stimmen, die uns zur Sünde verführen wollen. Es ist unsere Entscheidung. So viele von uns leben mit dem Schmerz und den Konsequenzen aufgrund ihrer Entscheidung, den Stimmen, die uns belügen, Glauben zu schenken und danach zu handeln. Sie schreien Dinge wie: *„Vertraue nicht!“*, *„Ich bin hier nicht gewollt!“*, *„Ich bin nicht wert geliebt zu werden!“*, *„Ich werde von allen abgelehnt!“*, *„Das ist nicht fair!“* und so weiter. Es ist so leicht, diesen Lügen zu glauben und nach diesem Glauben zu handeln, aber das ist Ungehorsam Gott gegenüber. Die Wahrheit ist, dass Gott ein guter Vater ist, der uns über die Maßen liebt, und wir bei Ihm sicher sind.

Ich glaube, dass diese Stimmen, denen wir da Raum geben, von den Mächtigen, Gewaltigen und Herrschern kommen- so wie Epheser 6 es beschreibt:

> *„Zuletzt: Seid stark in dem Herrn und in der Macht seiner Stärke. Zieht an die Waffenrüstung Gottes, damit ihr bestehen könnt gegen die listigen Anschläge des Teufels. Denn wir haben nicht mit Fleisch und Blut zu kämpfen, sondern mit Mächtigen und Gewaltigen, nämlich mit den Herren der Welt, die in dieser Finsternis herrschen, mit den bösen Geistern unter dem Himmel.“*
> (Eph. 6, 10-12, Elberfelder)

Die Stimme des Feindes füttert uns mit diesen Lügen. Er ist immer auf Sendung, denn er ist der „Mächtige, der in der Luft herrscht“, und für ihn ist es leicht, die Töchter und Söhne des Ungehorsams zu beeinflussen- die Menschen, durch die kein göttliches Leben fließt. Es ist ein Kinderspiel für ihn, sie davon zu überzeugen, dass sie sich eine Pause verdient haben, dass sie danach streben sollen, überall Erster zu sein und dass Sorgen und Stress einfach Teil des Alltags sind.

Ohne große Anstrengung kann er uns verführen zu glauben, das Leben eines Christen basiert auf einem Märchen und Gottes Liebe sei schwach und nicht stark. Das Lügen-Repertoire des Feindes ist quasi unendlich. Selbst wenn wir alle Lügen, die uns durch den Kopf schwirren, gefangen nehmen und wir jeweils die entsprechende Wahrheit dagegen stellen können, laufen wir Gefahr, uns durch dieses ständige Ringen völlig zu verausgaben. Die Lügen des Feindes haben unser menschliches Dasein, unsere Kultur und sogar die Gemeinden so tief durchdrungen, dass es uns häufig schwer fällt, sie als Lügen zu entlarven.

DIE KUNST DES GEHORSAMS ERLERNEN

Leider führt uns die Wahrheit nicht immer automatisch zum Gehorsam, selbst wenn wir sie erkennen. Ich muss mir selbst täglich vor Augen halten, dass Gott gut ist, dass Er für mich ist und dass mir alle Dinge zum Besten dienen. Diese Wahrheiten erleichtern es mir, von ganzem Herzen gehorsam zu sein und mich täglich zu entscheiden, Seine Wege zu gehen, anstatt „Ohrfeigen“ zu fürchten. Und doch werden viele von uns wissen, dass es sogar mit dieser Entschlossenheit immer noch schwierig sein kann, von ganzem Herzen die Haltung des Gehorsams anzunehmen.

Unser Problem ist, dass allein die Worte „Gehorsam“, „gehorchen“ und „Unterordnung“ schon sehr vorbelastet sind. Viele heißblütige, unabhängigkeitsliebende Amerikaner widersprechen sofort, wenn es um die Unterordnung unter eine Autorität geht.

Wir tendieren zu den Extremen, wenn wir uns mit diesem Thema näher beschäftigen.

Es gibt die „übergeistliche" Seite: „Ach, Dawna, mache dir um mich keine Sorgen! Gott und ich, wir beide sind so!", sagt der Eine, während er als Zeichen für die enge Verbundenheit zwei Fingern ineinander verschränkt. „Keiner braucht mir zu erzählen, was ich tun soll, oder dass ich etwas falsch mache. Ich höre es direkt von Gott. Es ist alles gut. Ich folge immer Seiner Stimme, auch wenn Du meinst, dass es nicht von Ihm kommt."

Und dann ist da noch das „früher-Opfer-heute-unabhängig"- Extrem: „Du verstehst mich nicht, Dawna! Gehorsam war für mich noch nie gut. Ich hatte misshandelnde Eltern, schlechte Lehrer und grausame Chefs. Ich kann einfach keinem mehr trauen. Ich komme gut alleine klar, danke!"

Wenn es wahr ist, dass wir nur durch unseren kindlichen Gehorsam die Stimme des Feindes abschalten können, dann ist das höchstwahrscheinlich der Grund dafür, dass er Überstunden macht, um unsere Beziehungen mit denjenigen zu schaden, denen wir gehorchen sollen. Er arbeitet jede freie Minute daran, solche Beziehungen zu vergiften, damit wir jeglichem Gehorsam misstrauisch gegenüber stehen, sogar in Bezug auf Gott! Vorsicht- ich sage nicht, dass wir immer ohne zu hinterfragen gehorchen sollen! Ich will nur klar machen, irgendjemand werden wir unsere Loyalität verpfänden. Der Feind will uns nur davon abhalten, sie Gott auszuliefern.

Es ist doch interessant, dass die Verse 10-12 aus Epheser 6, wo von den Plänen des Herrschers der Lüfte die Rede ist, direkt nach folgender Stelle über Gehorsam stehen:

> *„Ihr Kinder, gehorcht euren Eltern im Herrn! Denn das ist recht. „Ehre deinen Vater und deine Mutter" - das ist das erste Gebot mit Verheißung -, „damit es dir wohl gehe und du lange lebst auf der Erde." Und ihr Väter, reizt eure Kinder nicht zum Zorn, sondern zieht sie auf in der Zucht und Ermahnung des Herrn! Ihr Sklaven, gehorcht euren irdischen Herren mit Furcht und Zittern, in Einfalt eures Herzens, als dem Christus; nicht mit Augendienerei, als Menschengefällige, sondern als Sklaven Christi, indem ihr den Willen Gottes von Herzen tut! Dient mit Gutwilligkeit als dem Herrn und nicht den Menschen! Ihr wisst doch, dass jeder, der Gutes tut, dies vom Herrn empfangen wird, er sei Sklave oder Freier. Und ihr Herren, tut dasselbe ihnen gegenüber, und lasst das Drohen!, da ihr wisst, dass sowohl ihr als auch euer Herr in den Himmeln ist und dass es bei ihm kein Ansehen der Person gibt."*
> (Eph. 6, 1-9, Elberfelder)

Wie wir sehen, möchte der Feind auf jeden Fall verhindern, dass wir Gehorsam erlernen. Er weiß, wenn wir anfangen, Gott zu gehorchen, wird Gottes Stimme uns immer vertrauter werden und wir können nach und nach die Lügen, die uns eingeredet werden, ausblenden.

Jesus sagt:

> *„Meine Schafe hören meine Stimme, und ich kenne sie, und sie folgen mir; und ich gebe ihnen ewiges Leben, und sie gehen nicht verloren in Ewigkeit, und niemand wird sie aus meiner Hand rauben."*
> (Joh. 10, 27-28, Elberfelder)

Wir wollen so sensibel für Seine Stimme sein, dass wir Ihn sofort hören und Seinen Geist erkennen, wenn Er durch menschliche Leiter spricht.

Die Wahrheit setzt uns frei

Die meisten von uns haben sich im Laufe ihres Lebens mit etwas nicht Göttlichem angefreundet. Jeder hat seine versteckten Sünden, die er nicht los wird, bis Gottes Geist uns zeigt, was wir tun müssen- Ihm gehorchen. Manchmal werden wir richtig geschickt darin, diese Sünden schönzureden und es ist schwierig, den Willen aufzubringen, sie abzulegen. Sieh Dir zum Beispiel mich an. Als ich aufwuchs, hatte ich so viel Energie, dass ich herumgerannt bin, Sport gemacht habe und schwer gearbeitet habe. Doch irgendwann war ich total erschöpft. Dann bin ich richtig abgestürzt und habe den ganzen Tag nur geschlafen. Ich hab es geliebt! Ich schlafe immer noch sehr gerne und freue mich auf meine Nickerchen, in eine schöne warme Decke gewickelt.

Jedenfalls habe ich über die Jahre in meiner „Schlafwelt" entdeckt, das Träumen richtig Spaß machen kann. Ich habe tatsächlich gelernt, meine Träume zu manipulieren, so dass ich jedes nur erdenkliche Abenteuer erleben konnte.

Wer möchte schon für einen Film bezahlen? Ich brauchte mich nur hinlegen, und jede Geschichte, die ich mir ausdachte, wurde lebendig. Ich bin nicht auf den Gedanken gekommen, dass daran irgendetwas falsch sein könnte. Ich habe nur meine Vorstellungskraft benutzt und davon hatte ich sehr viel! Als ich Christ wurde, träumte ich meine Träume dann christlich! Ich bemühte mich sehr, über nichts Sexuelles oder andere unchristliche Dinge zu fantasieren. Im Grunde war ich immer der Held, der anderen Menschen half. In meinen Träumen war ich die prophetische Stimme für die Polizei, die vermisste Kinder suchte. Ich war wie James Bond und Wonder Woman in Einem, ein Symbol für Gerechtigkeit, und habe dem Feind in den Hintern getreten. Es war toll! Aber im Laufe der Jahre wurde es mehr als ein Traum. Diese falschen Realitäten fingen an, mit mir zu sprechen und gaukelten mir vor, in ihnen Ruhe und Frieden zu finden. Wenn ich zum Beispiel nach einem schlechten Tag von der Arbeit kam und meine Kinder zu Hause zankend vorfand, ging ich einfach ins Bett und vergaß mein unperfektes Leben. In meinen Träumen war ich die ganze Nacht lang wunderschön und bemerkenswert und ich konnte der Plackerei meines gewöhnlichen Lebens entfliehen.

Es ist nur ein paar Jahre her, als ich eines Tages einer Freundin davon erzählte. Sie sagte: „Dawna, ich könnte das nicht tun." Schade für dich, dachte ich. Dann musst du eine ganz schön langweilige Zeit haben, wenn du schläfst. Aber das wollte sie damit gar nicht sagen. Sie sah mich an und meinte: „Dawna, das ist der Geist der Fantasie. Solange Du dieser Stimme zuhörst, kannst Du Gottes Stimme nicht hören." *Oh, oh- könnte sie damit Recht haben? Und wenn es so wäre, was würde ich dann tun?* Dieser Geist der Fantasie begleitete mich schon fast mein ganzes Leben und es hat bis jetzt ziemlich viel Spaß gemacht. Es war nicht mehr so wichtig, dass ich im wahren Leben unbedeutend war. Wahrscheinlich machte er mir diese Tatsache sogar mehrmals am Tag bewusst, sodass ich mich dann in meine Traumwelt zurückzog und dort Frieden suchte. Aber gleichzeitig setzte er alles daran, mich Gottes Träumen zu berauben und Seines Friedens, den er in jede Situation bringen kann, unabhängig von den Umständen. Ich musste nur, statt wegzulaufen, aushalten und Seine Wahrheit mit meiner wieder erwachenden Realität in Berührung kommen lassen.

Der Geist des Gehorsams half mir, den Geist der Fantasie zu überwinden, und ich weiß, er wird das Gleiche für dich tun! Sicher im Gehorsam zu leben wird dich von jedem „alten Freund" freisetzen, der dir, außerhalb von Gott selbst, Trost bietet. Es gibt keine Grenzen für unsere Freiheit!

Und so hat es funktioniert: Nachts, wenn ich meinen Kopf auf das Kissen legte und merkte, wie mein alter Freund mich versuchte zu locken, gab ich das sofort an Jesus weiter. Ich zitierte laut die Wahrheit aus der Bibel:

> *„So zerstören wir überspitzte Gedankengebäude und jede Höhe, die sich gegen die Erkenntnis Gottes erhebt, und nehmen jeden Gedanken gefangen unter den Gehorsam Christi.* " (2. Kor. 10,4b-5, Elberfelder)

Dann ging es weiter- der Geist der Fantasie fing an, lauter zu werden und hielt mir vor, wie hart und anstrengend mein Tag war und säuselte: „Komm mit mir mit- lass uns heute Nacht etwas Tolles zusammen erleben!" Ich antwortete ihm: „Ich bin dazu bestimmt, ein Kind des Gehorsams zu sein. Ich werde nicht mit dir mitgehen und ich lade Dich ein, Vater Gott, mir Deinen Geist als Tröster zu senden- um mir den Schmerz des Lebens zu nehmen und all meine Bitterkeit und Hoffnungslosigkeit tief in mir zu heilen...."

Ich will nicht lügen- manche Tage waren besser als andere! Einige Nächte waren nur sehr schwer zu gewinnen. Manchmal gab ich der Verführung des falschen Trostes nach und ließ mich absichtlich von den Träumen forttragen. Aber je mehr ich der Stimme des Geistes der Fantasie entgegentrat und Gott meine Verletzungen heilen ließ, die durch Entmutigung und Enttäuschungen entstanden waren, desto leiser und leiser wurde diese Stimme, soweit, dass sie kaum noch mit mir sprach.

Ich denke, der Geist der Fantasie fand heraus, dass es vertane Zeit war, mich zu belästigen, solange im Laufe meines Tages nicht irgendetwas Größeres vorgefallen war. An sehr schlechten Tagen versucht diese Stimme immer noch, mich wegzulocken, und sie kann wirklich verführerisch sein, weil ich die Träume vermisst habe. Aber bevor ich ins Bett gehe, spreche ich laut aus: „Ich bin ein Kind des Gehorsams und ich entscheide mich, deiner Stimme kein Gehör zu schenken und ich verschließe deiner Macht jede Tür!"

Manchmal setzt Gott einen Menschen auf der Stelle frei, sodass er total verändert wird. Ich weiß, jeder von uns hat solche Erfahrungen schon gemacht und wir sind total dankbar für diese Momente. Die andere Art, Freiheit zu bekommen, erfordert einiges an Kämpfen von unserer Seite aus. Er zerbricht unsere Ketten und deckt die Lügen auf, die wir geglaubt haben und dann fordert Er uns auf, in unsere Freiheit Schritt für Schritt hineinzutreten. Er möchte, dass wir in eine ganz enge Bindung zu Ihm hineinwachsen, nicht indem wir unseren Instinkten trauen, die oft irreführend sein können, noch indem wir einem System von Regeln gehorchen („Probiere das nicht." „Fass das nicht an!" „So darfst Du nicht denken!"). Ich bin davon überzeugt, dass Ihm mehr an meiner Beziehung mit Ihm liegt, als daran, dass für mich immer alles angenehm ist. Aber wenn ich all das, was für mich unangenehm ist, zu Ihm bringe, nimmt Er mich auf, trocknet meine Tränen ab und flüstert mir Seine Geheimnisse ins Ohr.

Ich weiß, das hört sich alles nach Selbstbestimmung an, die Du auch brauchst, aber natürlich ist Er derjenige, der uns überhaupt erst mal auf unseren falschen Gehorsam aufmerksam macht. Das nennt man Überführung und geht Hand in Hand damit, sich von dem alten Freund abzuwenden, um deinem Neuen Freund ganz zu folgen. Bist du bereit, dem Heiligen Geist zu erlauben, dein Tröster zu sein, Bist du bereit Jesus zu erlauben, dein wahrer Freund zu sein? Bist du bereit Gott zu vertrauen für dich zu sein und nicht gegen dich? Dann bitte Ihn, dir deinen „alten Freund" zu zeigen!

Wenn du Ihn jetzt gleich darum bittest, dann sei nicht überrascht, wenn Er es auch tut. Vielleicht redet Er durch eine andere Person oder Er nennt dir die Sache ganz klar beim Namen. Wenn du diesen „alten Freund" benennen kannst, dann kannst du dafür um Vergebung bitten. Du kannst Ähnliches wie das hier sagen, und anstelle von „altem Freund" einfach das einfügen, was Er Dir gezeigt hat (zum Beispiel Ärger, Verzweiflung, Angst...):

„Heiliger Geist, ich bitte Dich um Vergebung. Du bist mein wahrer Tröster- ich habe Dich beiseite gestoßen und andere Stimmen Deinen Job machen lassen. Heute stehe ich hier als ein Kind des Gehorsams und ich entscheide mich, Dir, Heiliger Geist, zu folgen. Ich habe mich entschieden, meinem Vater-Gott und Jesus nachzufolgen. Durch das vergossene Blut Jesu und in Seinem Namen breche ich jeden Bund und mit diesem (alten Freund)- und ich meine es wirklich ernst!."

Dann kannst Du Deinen alten Freund direkt ansprechen, ungefähr so:

„(Alter Freund), wenn du generationsübergreifend bist und meine Familie gelockt hast, dann kämpfe ich hier nicht nur für mich selbst, sondern auch für meine Kinder und Enkel und alle Kinder, die danach kommen werden. Ich sage dir, so wie ich diesen Kampf gewinnen werde, wird deine Stimme nicht mehr in der Lage sein, meine Familie zu verführen und ich untersage dir jeden Einfluss auf meinen Familienzweig."

Dann wende Dich wieder Gott zu:

„Vater-Gott, ich übergebe Dir diesen „alten Freund". Ich gebe Dir auch meine Sorgen, meine Trauer und dieses Gefühl der Leere, wenn ich mich von diesem alten Freund und seinem vertrauten, falschen Trost abwende. Ich bitte

Dich, dass Deine Gegenwart so spürbar nah für mich ist und ich so überwältigt von Dir bin, dass ich keine Sehnsucht mehr nach dieser Stimme verspüre, wenn sie anfängt mich zu sich zu rufen. Gewähre mir diese Gnade, Vater-Gott, meine Gedanken gefangen zu nehmen, während ich den Kampf als Kind des Gehorsams kämpfe. Danke Vater, dass wir die Macht dieser Stimme für alle Zeit brechen.

Komm, Heiliger Geist und steh mir bei, wenn ich diesen Kampf auf dem Schlachtfeld meiner Gedanken Austrage und erinnere mich, die ganze Waffenrüstung Gottes anzuziehen. Und wenn ich alles in meiner Macht stehende getan habe, standhaft zu bleiben, dann wirst Du, Heiliger Geist mir die Gnade erweisen, durchzuhalten.

Amen.“

3. KAPITEL

Freundlich und doch tödlich

Von Beni Johnson

Manchmal müssen wir einfach die Dinge in die Hand nehmen!

Eines Nachts wachte ich durch einen furchtbaren Albtraum auf. Der Traum machte mich total fertig und Bill war nicht da. Ich versuchte, wieder einzuschlafen, aber jedes Mal, als ich gerade eindöste, kam der Traum wieder zurück. Ich quälte mich durch die Nacht, weil es einfach nicht aufhören wollte. Ich erinnere mich, dass ich am nächsten Abend zu meinem Bett ging und dachte „das will ich nicht noch mal erleben", aber innerlich wusste ich, es könnte mir immer wieder passieren. So kam es auch! Als der Albtraum diesmal kam, wurde ich wütend, als ich aufwachte. Ich stand auf und sagte: „Was immer in diesem Raum ist, was immer in meinem Bett ist, ich rate dir, jetzt rauszugehen! Du gehörst hier nicht mehr länger her!" Und der Traum kam nie wieder.

Du weißt, wie es ist, wenn jemand versucht, einem Kind etwas zu tun, und die Mutter des Kindes in diese Situation hinein brüllt: „Keiner tut meinem Baby etwas!" Selbst wenn es eine beängstigende Situation ist, wird sie nichts davon abhalten. In gleicher Weise sollen wir mutig sein, egal was uns bedroht. Manchmal müssen wir einfach nur aufstehen und wütend werden.

Aus Gewöhnlich wird Aussergewöhnlich

Eine bestimmte Geschichte aus dem Alten Testament ist vor kurzem eine meiner Lieblingsgeschichten geworden, weil sie Tapferkeit auf eine besondere Art und Weise darstellt. Sie beginnt mit Debora und Barak, aber am Ende erzählt sie die Geschichte einer Frau namens Jael. Die meisten von uns kennen die Geschichte aus dem vierten Buch der Richter. Die Israeliten wurden von Jabin, dem König von Kanaan, erobert. Zwanzig Jahre lang hat er sie hart unterdrückt. Der Oberbefehlshaber von Jabins Armee hieß Sisera. Barak, dem Anführer der israelischen Armee, schien der Mut zu fehlen, den er brauchte. Dann kamen Debora (und später Jael) zur Schlacht hinzu.

„Und Debora, eine Prophetin, die Frau des Lappidot, war Richterin in Israel zu jener Zeit. Sie hatte ihren Sitz unter der Debora-Palme, zwischen Rama und Bethel, im Gebirge Ephraim. Und die Söhne Israel gingen zu

ihr hinauf zum Gericht. Und sie sandte hin und ließ Barak, den Sohn Abinoams, aus Kedesch in Naftali rufen. Und sie sagte zu ihm: Hat der HERR, der Gott Israels, nicht geboten: Geh hin und zieh auf den Berg Tabor und nimm mit dir zehntausend Mann von den Söhnen Naftali und von den Söhnen Sebulon? Ich aber ziehe Sisera, den Heerobersten Jabins, zu dir heran an den Bach Kischon mit seinen Wagen und seiner Menge, und ich gebe ihn in deine Hand! Da sagte Barak zu ihr: Wenn du mit mir gehst, gehe ich; wenn du aber nicht mit mir gehst, gehe ich nicht. Da sagte sie: Ich will gerne mit dir gehen - nur dass dann die Ehre nicht dir zufällt auf dem Weg, den du gehst, denn in die Hand einer Frau wird der HERR den Sisera verkaufen. Und Debora machte sich auf und ging mit Barak nach Kedesch. …

Debora aber sagte zu Barak: Mach dich auf! Denn dies ist der Tag, da der HERR den Sisera in deine Hand gegeben hat. Ist nicht der HERR selbst vor dir her ausgezogen? Und Barak stieg vom Berg Tabor hinab und zehntausend Mann ihm nach. Und der HERR brachte Sisera und alle seine Wagen und das ganze Heerlager in Verwirrung durch die Schärfe des Schwertes vor Barak. Und Sisera stieg vom Wagen herab und floh zu Fuß. Barak aber jagte den Wagen und dem Heer nach bis Haroschet-Gojim. So fiel das ganze Heer Siseras durch die Schärfe des Schwertes; kein Einziger blieb übrig. Sisera aber floh zu Fuß zum Zelt Jaëls, der Frau Hebers, des Keniters; denn es war Friede zwischen Jabin, dem König von Hazor, und dem Haus Hebers, des Keniters. Da ging Jaël hinaus, dem Sisera entgegen.

Und sie sagte zu ihm: Kehre ein, mein Herr, kehre ein zu mir, fürchte dich nicht! So kehrte er zu ihr ein in das Zelt, und sie bedeckte ihn mit einer Decke. Und er sagte zu ihr: Gib mir ein wenig Wasser zu trinken, denn ich bin durstig! Da öffnete sie den Milchschlauch, gab ihm zu trinken und deckte ihn wieder zu. Und er sagte zu ihr: Stell dich an den Eingang des Zeltes! Und es sei so: Wenn jemand kommt und dich fragt und sagt: Ist jemand hier?, dann sage: Niemand! Jaël aber, die Frau Hebers, ergriff einen Zeltpflock und nahm den Hammer in ihre Hand, und sie ging leise zu ihm hinein und schlug den Pflock durch seine Schläfe, dass er in die Erde drang - er war nämlich in tiefen Schlaf gefallen -; da wurde er ohnmächtig und starb. Und siehe, als Barak Sisera nachjagte, da ging Jaël hinaus, ihm entgegen, und sagte zu ihm: Komm, ich will dir den Mann zeigen, den du suchst! Und er ging zu ihr hinein, und siehe, Sisera lag tot da, den Pflock in seiner Schläfe.

So demütigte Gott an jenem Tag Jabin, den König von Kanaan, vor den Söhnen Israel.“
(Richter 4, 4-9 und 14-23)

Ich finde es interessant, dass Jael Sisera Milch gab, was von Gastfreundschaft zeugt. Jael war aalglatt!. Sie begrüßte den feindlichen Anführer in ihrem Zelt und gaukelte ihm Sicherheit vor, indem sie ihm anbot, ihn zu verstecken und zu versorgen. Sie behandelte ihn mit außergewöhnlicher Freundlichkeit- bevor sie ihn mit außergewöhnlichem Mut tötete! Wir wissen nichts über sie, außer, dass sie Hebers Frau war. Die Bibel gibt uns keine weiteren Details aus ihrem Leben. Aber wenn sie eine für ihre

Kultur typische Frau war, war sie „nur eine Hausfrau“. Wir wissen nicht, ob sie Kinder hatte, aber ich bin mir ziemlich sicher, dass es so war. Ich stelle sie mir so vor, wie sie ihre ganze Zeit aufopfert, um sich um ihren Mann und ihre Kinder zu kümmern, - wo auch immer sie gerade zelteten.

Doch als es darauf ankam, dass zu tun, was Gott von ihr wollte, wurde diese gewöhnliche Hausfrau zu der mutigen Frau, die den Feind in die Falle lockte und ihn dann eigenhändig tötete während er schlief. Sie handelte Sisera gegenüber oberflächlich gastfreundlich, aber hinter dieser Maske versteckte sich eine Frau, die außer sich vor Wut war.

Die harte Unterdrückung durch die Kanaaniter ging schon so lange.Wenn Barak Sisera nicht ausschalten konnte oder wollte, musste sie diesen Job eben machen! So wie Debora es prophezeit hatte: Eine einfache Frau bekam die volle Ehre dafür, dass die Kanaaniter besiegt wurden-nicht der erfahrene Anführer der 10.000 Soldaten.

Manchmal müssen wir genauso wütend werden. Nicht auf die Menschen, sondern auf die Ungerechtigkeit und die Werke des Feindes! Ich nenne es gerechten Zorn- er kann die Schlüsselmotivation sein, damit wir lernen, in schwierigen Umständen und Situationen, in die Er uns gestellt hat, mit dem Herrn zusammen zu arbeiten.

Mut kommt vom Herzen

Keinem von uns wurde der Mut in die Wiege gelegt. Wir müssen ihn uns antrainieren. Vielleicht weißt du, dass die Wurzel des Wortes „Mut" (im Englischen) dem Lateinischen entspringt und von „Herz" kommt[3]. *Mut* bedeutet, sein Herz verwundbar zu machen. Jeder von uns braucht Mut. Nicht nur, wenn uns jemand oder etwas körperlich bedroht, sondern auch, wenn wir uns auf emotionaler, mentaler oder geistlicher Ebene mit etwas auseinandersetzen müssen. Wir brauchen Mut, um jede Art von Angst aufzugeben. „Angst aufzugeben" heißt nichts anderes als sich nicht mehr mit beängstigenden Gedanken zu beschäftigen.

Angstvolles Denken ist schädliches Denken. Es gibt auch noch andere Arten von schädlichen Gedanken, und solange sie unser Denken füllen und unsere guten, glaubensaufbauenden Gedanken verdrängen, werden sie uns den Mut nehmen.

Das Neue Testament benutzt das Wort „Mut" sehr häufig und zeigt uns, dass Gott möchte, dass wir unseren Mut *zusammennehmen*, um die guten, ermutigenden Gedanken zu ergreifen und gemäß ihnen zu handeln.

Hier sind ein paar Beispiele, in denen das Wort „Mut" hervorgehoben ist:

> *„Und als sie gebetet hatten, bewegte sich die Stätte, wo sie versammelt waren; und sie wurden alle mit dem Heiligen Geist erfüllt und redeten das Wort Gottes mit* ***Freimütigkeit***[4]*." (Apg. 4,31)*

3 Im Englischen ist „Mut"= „Courage", lat. „cor" =Herz

4 Im Englischen steht hier „courage"

> *„In ihm haben wir* ***Freimütigkeit***[5] *und Zugang in Zuversicht durch den Glauben an ihn."* (Eph. 3,12)

> *„Und als die Jünger ihn auf dem See einhergehen sahen, wurden sie bestürzt und sprachen: Es ist ein Gespenst! Und sie schrien vor Furcht. Sogleich aber redete Jesus zu ihnen und sprach: Seid guten* ***Mutes****! Ich bin es. Fürchtet euch nicht!"* (Matt. 14, 26-27)

> *„Jesus aber wandte sich um, und als er sie sah, sprach er: Sei guten* ***Mutes****, Tochter! Dein Glaube hat dich geheilt. Und die Frau war geheilt von jener Stunde an."* (Matt. 9, 22)

Ich möchte keinen wegen seines fehlenden Mutes verurteilen, aber wenn wir folgende Stelle aus der Offenbarung wörtlich nehmen, wird sie uns vielleicht motivieren, an unserem Mut zu arbeiten:

> *„Aber den Feigen und Ungläubigen und mit Gräueln Befleckten und Mördern und Unzüchtigen und Zauberern und Götzendienern und allen Lügnern ist ihr Teil in dem See, der mit Feuer und Schwefel brennt; das ist der zweite Tod."* (Off. 21, 8)

Wir können anfangen, das „Mutig-sein" zu trainieren, indem wir auf unser Gedankenleben achtgeben. Wenn uns beängstigende oder schädliche Gedanken durch den Kopf gehen und uns bedrängen, können wir auf unser Herz hören (unser Geist, der in Kontakt mit Gottes Geist ist). Es ist, als würden unsere Herzen sagen: „Ähm, ich denke,

---

5 Auch hier steht im Englischen das Wort „courage"

du solltest diese Überlegung nicht weiter beachten, denn wenn Du es tust, wird sie Deiner Gedankenwelt schaden und Du wirst auf Grundlage dieses Gedankens handeln!"

Wir müssen auf unser Herz hören. Es wird uns dabei helfen, Mut zu fassen, um die schädlichen Gedanken hinaus zu werfen und weiter zu gehen.

Es ist biblisch, unsere Gedanken gefangen zu nehmen:

> *„Und jede Höhe, die sich gegen die Erkenntnis Gottes erhebt, und nehmen jeden Gedanken gefangen unter den Gehorsam Christi und sind bereit, allen Ungehorsam zu strafen, wenn euer Gehorsam erfüllt sein wird."*
> (2.Kor. 10, 5-6, Elberfelder)

Wenn wir unsere schädlichen Gedanken und Ängsten aufgeben und stattdessen im Glauben vorwärts gehen, werden wir wachsen, reifer werden und Frieden finden.

Engel auf unserer Seite

Ich wäre die erste Person, die sagt, dass sie viel Hilfe von außen braucht, um die Umstände meines Lebens mit Mut und Entschlossenheit anzugehen. Besonders wenn ich alleine bin, brauche ich die Unterstützung von Engeln. Wir vergessen sie manchmal, weil wir sie nicht spüren und nicht so häufig sehen, aber Gottes Engel sind wachsam und bereit, das Böse für uns zu bekämpfen. Wir können sie nicht herumkommandieren, aber wir können Gott bitten, sie freizusetzen, um uns in einer bestimmten Situation zu helfen. Manchmal setzen sie sich sogar schon in Bewegung, wenn wir nur über sie reden und uns daran erinnern, was sie tun können.

Wenn Bill nicht da ist und ich alleine zu Hause bin, drehe ich die Stereoanlage oft ziemlich laut auf. Eines Tages war ich gerade dabei, das Haus zu verlassen, und ging durch den Raum, um die Lobpreis-Musik auszuschalten. Plötzlich hatte ich einen ganz deutlichen Eindruck: *Nein, lass die Stereoanlage an- die Engel werden sich sehr darüber freuen, wenn du gegangen bist.* Es war einfach ein willkürlicher Gedanke, der da auf einmal durch meinen Kopf ging. Und ich dachte *Oh, okay!*, und dann wurde mir klar: *Sie werden hier feiern, wenn ich weg bin!*

Engel bringen das Königreich! Sie tragen die Gegenwart Jesu mit sich. Sie sind Boten und tun Seine Werke, und zwar nur Seine Werke. Gemäß der Geschichte in Apostelgeschichte 12 glaube ich auch, dass jeder von uns einen Engel hat, der so aussieht wie wir:

> *„Als er aber an die Tür des Tores klopfte, kam eine Magd mit Namen Rhode herbei, um zu öffnen. Und als sie die Stimme des Petrus erkannte, öffnete sie vor Freude das Tor nicht; sie lief aber hinein und verkündete, Petrus stehe vor dem Tor. Sie aber sprachen zu ihr: Du bist von Sinnen. Sie aber beteuerte, dass es so sei. Sie aber sprachen: Es ist sein Engel."* (Apg. 12, 13-15)

Engel kommen in vielen verschiedenen Größen und Typen vor. Es gibt Heilungsengel. Es gibt Serafime, die Feuerengel und Cherubime, die Windengel- meine Favoriten. Manche erscheinen uns gigantisch groß, andere sehr klein oder eher wie Schatten. Bestimmte Engel scheinen charakteristische Merkmale zu haben, damit sie von den Menschen identifiziert werden können.

Eine unserer Enkeltöchter hatte eine Infektion, als sie geboren wurde, und musste auf die Intensivstation des Krankenhauses. Ihre Mutter, unsere Schwiegertochter[6], war bei ihr und eines Nachts sah sie einen Engel, der mit verschränkten Armen in der Ecke der Intensivstation stand und einfach nur zusah. Sie sagte, er sah aus wie Meister Propper.

Acht Jahre später wurde ein weiteres Enkelkind geboren, unsere Tochter bekam einen kleinen Jungen. Auch er hatte eine Infektion und wurde mehrere Tage lang auf derselben Intensivstation versorgt, wo sein Cousin vorher war. Eines Nachts war Bill mit unserer Tochter zusammen dort und sie unterhielten sich miteinander, während sie neben dem Baby saßen. Plötzlich rief Bill: „Ich sehe einen Engel hier drinnen!"

Und unsere Tochter sagte: „Ja, ich sehe ihn auch!"

Er fragte: „Sieht er aus wie Meister Propper?"

„Ja, genau!", antwortete sie.

Beide Babys wurden wieder gesund und wir waren sicher, dass der „Meister Propper" -Engel über sie gewacht und sie beschützt hatte.

Meister Propper schien ein wachsamer, umsorgender Engel zu sein. Vielleicht gibt es mehr als einen von ihnen. Wie zur Bestätigung erzählten mir eines Tages Mahesh und

---

6 Wortspiel im Englischen: Schwiegertochter = „daughter-in-law", bedeutet wörtlich „Tochter durch das Gesetz", woraus B. Johnson „daughter-in-love" macht, was wörtlich „Tochter-durch-Liebe" bedeutet.

Bonnie Chavda, als ich sie in North Carolina besuchte, dass sie genauso einen Engel in dieser Intensivstation sahen, als ihr Sohn vor vielen Jahren geboren wurde. Sie berichteten, dass sie diesen Engel immer noch jeden Freitagabend in ihren Gebetswachen sehen. Er steht einfach da, die Arme verschränkt, zur Überwachung und zum Schutz.

Egal wie ihre Stellung und Erscheinung sind, Engel sind immer sehr gewissenhaft bei ihrer Arbeit.

Sie sind emotional anders geschaffen als die Menschen, oder hast Du jemals was von weinenden, depressiven Engeln gehört? Das gibt es nicht, weil der Himmel voller Freude ist. Ich glaube auch nicht, dass sie so intuitiv sind wie wir. Sie können Nachrichten überbringen und Anweisungen befolgen, aber sie erstellen die Nachrichten und Anweisungen nicht. Nach meiner Erfahrung denken sie eingleisig, und sie können frustriert werden, bis zu dem Punkt, dass sie sich beschweren, wenn sie ihrer Aufgabe nicht nachkommen können.

Genauso können sie auch unsere Gefühle nicht so gut lesen, wobei sie unser Glaubensniveau und unseren Autoritätsbereich sehr wohl erkennen können.

Jemand sagte mir mal, dass Engel unseren Unglauben nicht verstehen können. Es geht einfach nicht in ihren Kopf rein: Wie kann eines von Seinen Geschöpfen nicht an Gott und Sein Königreich glauben?

Offensichtlich haben Engel großen Zugang zu Gott und der Kraft des Königreiches, aber sie nehmen einen niedrigeren Platz ein als wir. Sie nennen Gott nicht „Vater“ und predigen auch nicht das Evangelium. Das sind zwei Dinge, die die Menschen tun. Und da sie keine Propheten sind, müssen sie das Wort Gottes durch ihre Botenkollegen, die Menschen, hören.

Engel helfen uns in der Kampfführung und tragen manchmal sogar den ganzen Kampf für uns aus.

Ich hatte ein Erlebnis in dieser Hinsicht. Bill und ich waren in Australien und ich hatte einen früheren Heimflug als er gebucht. Mein Flug von Sydney wurde gestrichen und ich musste die Nacht in einem Hotel in der Nähe des Flughafens verbringen. Dies fing an für mich normal zu werden! Die anderen Male hatte es sich immer als göttliche Führung entpuppt. Deshalb erwartete ich auch diesmal, dass Gott die Situation irgendwie nutzen würde.

An diesem Abend chattete ich online mit einer Freundin aus Hawaii. Ich ging ins Bett und betete für sie. Ihr Ehemann hatte gerade eine Art mentalen Zusammenbruch und sie versuchte, Hilfe für ihn zu bekommen. Sie waren noch ein junges Paar und es war eine sehr schwierige Situation für sie. Mitten in der Nacht hörte ich ein knisterndes Geräusch im Raum. Ich hatte genau dieses Geräusch vor kurzem schon mal gehört, als ich ein Hotelzimmer in Bakersfield in Kalifornien mit meiner Assistentin teilte. Als ich es das erste Mal gehört hatte, habe ich gedacht, meine Assistentin wäre aufgestanden und hätte sich etwas aus der Snack Bar genommen. Aber als ich meinen Kopf hob, um zu gucken, was los war, sah ich, dass meine Assistentin in ihrem Bett lag und tief und fest schlief, Aber ich sah eine Form einer Person oder etwas Ähnlichem drüben an der Snack Bar.

Ich hatte überhaupt keine Angst, sondern schlief sofort wieder ein, denn ich wusste, dass es ein Engel war.

Dieses Mal in Sydney fühlte es sich anders an. Ich wusste, dass ein Engel- mein Engel- im Raum war, aber ich bemerkte auch, dass in dem Raum ein Kampf im Gange war. Ich wusste, dass es so sein musste, weil ich so viel Fürbitte für diesen Mann getan hatte. Diesmal fühlte ich Angst im Raum, und sie war sehr stark. Aber ich erinnerte mich, dass mein Engel sehr groß und beschützend ist. So dachte ich: *Kein Problem, mein Engel kümmert sich drum!* Und dann ging ich wieder schlafen. Ich ließ meinen Kopf die ganze Zeit auf dem Kissen liegen und sah kein einziges Mal auf, denn ich wollte lieber gar nichts davon sehen. In solchen Zeiten kommen unsere Engel und fechten den Kampf für uns aus.

Mit einem größeren Bewusstsein für die Hilfe von Engeln, können wir erwarten, dass große Dinge passieren. Wir können den Heiligen Geist bitten, für unsere Nachbarschaft, unsere Stadt und die Welt Engel freizusetzen. Das ist einer der sichersten Wege, um die Dunkelheit zu verdrängen.

Du machst einen Unterschied

Harte Zeiten und Hindernisse werden nicht plötzlich verschwinden, aber wir sind nicht wehrlos, wenn wir ihnen entgegentreten. Neben Gottes Gegenwart, der starken Hilfe durch ein Heer von Engeln und dem unbeugsamen Mut, der in unseren Herzen ist, haben wir auch einander! Du bist nicht allein, selbst wenn du dich isoliert und einsam fühlst.

Bitte Gott, dir jemanden zu schicken, einen Gleichgesinnten, mit dem du offen und ehrlich reden kannst.

Bitte Gott, dir eine Idee zu geben- etwas Spezielles, das du tun kannst, um mehr von Seiner Stärke und Weisheit für dich oder jemand anderen freizusetzen. Oftmals bestärken uns solche von Gott geführten Dienste, die wir ausführen, in unserem Glauben.

Es ist noch nicht lange her, da wurde in unserer Stadt ein Mann von der Polizei erschossen. Er war kein guter Mann. Er war in illegale Aktivitäten verwickelt und sein Tod war keine wirkliche Überraschung. Aber als meine Fürbitter-Freunde zu mir kamen, spürte jeder von ihnen, dass in der Stadt etwas aufgewühlt worden war, und das zeigte mir, dass ich aufpassen musste. Ich fand heraus, dass der getötete Mann ein Anführer eines Clans in dieser Gegend war, Seine Leute waren sehr wütend, dass er getötet worden war- sie planten, sich zu rächen. Innerlich legte ich Widerspruch ein. *Nein, das werdet ihr nicht tun! Nicht mit mir! Nein, nein, nein. Nicht hier!*

Ich hatte eine Idee und ich wusste, dass sie von Gott war. Ich habe ein Schofar und ich hatte es schon seit einiger Zeit nicht angeblasen. Nach meiner Erfahrung ist das Blasen eines Schofars eine gute Möglichkeit, um Frieden über einer Region freizusetzen und Verwirrung in das Lager des Feindes zu bringen. Als erstes nahm ich einen meiner Fürbitte-Freunde mit zu der Stelle, wo der Mann getötet worden war. Wir beteten dort und taten Buße über dem ganzen Blutvergießen, das durch seinen

Tot über das Land gekommen war. Wir beteten über der ganzen Region, und banden die bösen Geister, die durch seinen Tod freigesetzt wurden. Ich vermute, er trug diese Geister mit sich, weil er so böse und gewalttätig war. Dann ging ich bei Sonnenuntergang zu unserem Gebetshaus, blies in das Schofar und erklärte: „Hier in Redding wird Frieden sein!" Ich stellte mich einfach auf die Autorität, die mir im Gebet gegeben ist und ließ nicht zu, dass die Atmosphäre der Angst und der geistlichen Unruhe Gott in die Quere kommen konnten.

Jeder von uns hat einen Bereich der Autorität bekommen und es wird erwartet, dass wir sie in Anspruch nehmen. Für viele ist es die Familie oder eine kleine Gruppe von Menschen. Für andere ist es eine größere Region, ein Stadtrat oder eine Abteilung der Regierung.

Um unsere Autorität auszuüben, müssen wir lernen, wie wir das Schlachtfeld erkennen und die richtigen Taktiken anwenden können. Wir müssen geübt darin werden, die Lügen des Feindes zu besiegen, die der Feind in unsere Gedanken gibt und wir müssen bereit sein, tapfer in beängstigende Situationen hineinzutreten. (Es ist wichtig, im Hinterkopf zu behalten, dass Du nicht unbedingt in denselben Situationen wie ich Mut brauchst!) Wir müssen uns mit anderen verbinden, damit wir nicht einsam und verwundbar sind, sondern uns gegenseitig stärken können, immer im Bewusstsein, dass die Unterstützung durch Engel nur einen Atemzug von uns entfernt ist.

Bist du bereit und willst mehr? Wenn jeder von uns seinen Teil dazutut, dann kommt das Königreich schneller zu uns. Wir können diese vertrauten Worte mit Leidenschaft wiederholen:

„*Dein Wille geschehe, wie im Himmel, so auch auf Erden…*“. (Matt. 6,10. Elberfelder)

4. KAPITEL

DER GANZE HIMMEL FEIERT DICH

Von Theresa Dedmon

Erinnerungen sind die Wiege der größten Schätze des Lebens. Tief drinnen in deinem Dachkämmerchen, versteckt in der Aussteuertruhe oder in Kisten in der Garage, wirst Du sie finden. Fotos von Dir oder Deinen Kindern, als sie noch klein waren, die ersten gemalten Bilder, die damals am Kühlschrank hingen, zerknitterte Weihnachtsdekoration, deren Kleber überall klebte, außer dort, wo er kleben sollte. Du stöberst durch Deine eigenen Erinnerungen und die der Menschen, die Du liebst. In diesen Momenten bekommen wir eine Ahnung davon, dass es das Wichtigste in unserem Leben ist, dass wir einander haben. Unsere Herzen offenbaren uns, was wir für wichtig empfinden. Wir Frauen schätzen diese Erinnerungen sehr hoch und malen uns aus, was die Zukunft für diejenigen, die wir lieben, bringen mag.

Ich stelle mir Maria vor, die Mutter von Jesus, wie sie Sein erstes geschnitztes Spielzeug in ihre Aussteuertruhe legte. In diesem Moment wird sie zweifellos über all die prophetischen Worte über ihren Sohn, den Messias, nachgedacht haben. Und später, weil sie *wusste*, wie Sein Schicksal aussah, konnte sie Ihn aufgrund ihrer Beziehung zu Ihm als Mutter bitten, Sein erstes Wunder zu wirken- für die Hochzeitsgäste Wasser in Wein zu verwandeln (siehe Joh. 2,1-11).

Ich finde es interessant, dass Jesus durch Seine Beziehung zu dem einen Menschen, den er scheinbar am meisten liebte, dazu gebracht wurde, sein Schicksal zu offenbaren. Vielleicht wissen Mütter wirklich, was das Beste ist. Er ehrte die Bitte Seiner Mutter und das Fest wurde atemberaubend.

Jesus offenbarte sich auf einer Hochzeit mit Freunden und Familie als der König der Könige- weil Seine Mutter es so wollte. (Zeit für einen Schnappschuss!) Frauen haben einen unvorstellbaren Einfluss auf den Verlauf der Geschichte.

Dieses Kapitel handelt davon, wie der König der Könige dich als Frau feiern möchte und wie Er der Welt zeigen möchte, wer du wirklich bist und wofür du geschaffen wurdest! Jedes Mal, wenn Er dich ansieht, fließen all Seine Träume zu dir, um dir Hoffnung für die Gegenwart und die Zukunft zu geben. Wenn du genau genug hinsiehst, dann kannst du sehen, wie Er dich gerade ansieht. Er hat die himmlische Version des iPhones- mit dem Markenzeichen „Unendlich"- und seine Kamera ist auf dich gerichtet. Es ist Zeit, Dein Partyhütchen aufzusetzen und zur niemals endenden Feier von Gottes Güte und Liebe zu kommen, die Er Dir im Überfluss schenken möchte.

Das kann sich für dich komisch anhören, aber lass uns mal ansehen, was Papa Gott darüber denkt.

> *„Für mich aber - wie schwer sind deine Gedanken, Gott! Wie gewaltig sind ihre Summen! Wollte ich sie zählen, so sind sie zahlreicher als der Sand. Ich erwache und bin noch bei dir."* (Ps. 139, 17-18, Elberfelder)

Wow! Warst du mal am Strand und hast eine Handvoll Sand in die Hand genommen? Es würde Stunden dauern, nur diese eine Handvoll zu zählen. Stell dir mal vor, wie kraftvoll Seine Liebe und Sein Wohlwollen sind, mit denen Er dich gerade jetzt ganz bewusst betrachtet- genauso wie man den Sand am Strand nicht zählen kann, geht auch das über unser Verständnis hinaus.

Diese Wahrheit muss deinen Blick auf dich und deinen Wert einfach radikal verändern. Gottes Gedanken über dich überspülen dich kontinuierlich, wie die Wellen im Meer, und werfen sich gegen jeden anderen Gedanken und jede Vorstellung, die nicht mit Seiner Güte übereinstimmen.

Immer, wenn du den Strand siehst, denk daran, dass Er gute Gedanken über dich denkt und dich feiert!

Ein verheerender Vergleich

Lass uns mal sehen, was die meisten Frauen über sich selber denken. Traurigerweise stufen viele Frauen ihre Weiblichkeit und ihren Wert sehr niedrig ein, wenn sie sich die Werbung für Damenunterwäsche oder Make-up ansehen. Ihnen wurde beigebracht, sich zu vergleichen, indem sie auf das schauen, was sie nicht sind- anstatt zu sehen, was sie sind. Das bringt eine Frau dazu, ihren wahren Wert und ihre Schönheit zu verstecken, und die Bedeutung, die sie dadurch hat, dass sie einzigartig von Gott gestaltet wurde, kann nicht zum Vorschein kommen. Ich brauche Dir die Geschichten von den zahllosen Frauen nicht zu erzählen, die eine Therapie machen, weil sie unter Selbsthass oder emotionalen Narben leiden und sich zu gering und minderwertig gefühlt haben. Warum passiert so etwas? Tief im Inneren ist unserer Kultur dadurch geprägt, dass wir uns mit unserem Aussehen, unserer Persönlichkeit und unserem Wert mit anderen vergleichen. Viele von uns haben versucht, es mit einem Lächeln zu überspielen oder haben der Lüge geglaubt, wenn wir nur diese Diät machen, oder jenen Kurs besuchen, würden wir uns innerlich besser fühlen. Oft haben wir Angst, das emotionale Trümmerfeld einzugestehen, das wir angesichts unseres Aussehens, unserer Persönlichkeit und der Art, wie wir uns in einer größeren Menschenmenge fühlen, empfinden.

Frauen fühlen sich auch im Bereich der Gemeinde oft unsicher, ungewollt oder nutzlos, weil die Kirche die Rolle der Frau häufig dadurch definiert, was die Frau *nicht* tun kann, anstatt zu betonen, wer sie in Gottes Augen sind. Das führt zu Verwirrung und fehlender Klarheit.

Eine große Frage war für viele: „Darf eine Frau predigen oder im kirchlichen Bereich dienen oder lehren?" Selbst wenn Frauen predigen dürfen- wird ihnen tatsächlich die Möglichkeit dazu gegeben oder ist es nur leere Theologie? Diese Art von Widerspruch zwischen Glaube und Handeln ist eine weitere Quelle der Unsicherheit für viele Frauen in den Gemeinden. Obwohl wir weibliche Heldinnen in den Gemeinden feiern, sind sie oft aus vergangenen Zeitaltern oder leben weit weg von der Gemeinde, zu der wir gehören. Gott feiert deinen Wert im Leib Jesu und Er wünscht sich, dass deine Träume, bedeutungsvoll sind, damit jede Facette Seines Leibes gefeiert und offenbart werden kann. Lass uns mal schauen, was Jesus über uns als Frauen denkt.

Erkenne, *wer* Du bist

Als ich in der Bibelschule war, habe ich als kommende Nachwuchsleiterin der Gemeinde nach Vorbildern gesucht, an denen ich mich orientieren konnte. Ich fragte eine Frau, deren Mann Professor an der Universität war, die ich besuchte, ob sie eine Art Mentorin für mich sein würde und sie sich mit mir treffen würde. Ihre Antwort werde ich nie vergessen. Sie fing an, mir ihren Glauben darzulegen, dass eine Frau ihre persönlichen Träume für die Berufung ihres Mannes niederlegen sollte. Das würde bedeuten, dass ich meine Tätigkeiten opfern müsste, wenn sie Ausbildung oder Dienst meines Mannes beeinträchtigen würden. Basierend auf dieser Darlegung und gekoppelt mit meiner Naivität, entschied ich mich, mich nie wieder mit ihr zu treffen und niemals wieder anderen

Frauen aus der Gemeinde meine Träume offenzulegen, die mich dafür schlechtmachen könnten.

Ich gab mir selbst das Versprechen, dass ich anderen Frauen dabei helfen würde, ihre Berufung zu erfüllen, wenn ich die Chance dazu bekommen würde, und ihnen niemals das Gefühl zu geben, nur „zweite Klasse" zu sein - so wie ich mich gefühlt hatte. Jeder Mensch hat das Recht, einen Traum zu haben und wertgeschätzt zu werden und jeder von uns hat das Recht, danach zu streben, der Mensch zu werden, der er sein soll.

Wer wir sind ist Gott wichtig! Er vergleicht uns nicht mit anderen.

> *„Da ist nicht Jude noch Grieche, da ist nicht Sklave noch Freier, da ist nicht Mann und Frau; denn ihr alle seid einer in Christus Jesus." (Gal. 3, 28, Elberfelder)*

Es ist ein Segen, dass ich Teil einer Bewegung sein kann, in der Frauen wertgeschätzt werden und ihren Dienst ausüben können. Auch du bist ein Teil davon! Jede Frau kann etwas Wertvolles zum Leib Christi beitragen. Jetzt ist die Zeit, das zu feiern, was du anderen im Leib Christi anbieten kannst. Jetzt ist die Zeit, dich freizumachen von Gedanken über das, was du in der Gemeinde nicht tun kannst, und herauszufinden, was du tun kannst.

Hunderte von Menschen in deiner Stadt warten darauf, dass du herausfindest, wer du in den Augen Christi wirklich bist. Sie brauchen dich, damit du sie anleitest und durch dein Herz für Gott und den Leib Christi Veränderung in ihr Leben bringst. Nimm dir diese Woche etwas Zeit und sei ein Segen für jemanden aus deiner

Gemeinde. Vielleicht eine Frau, die dort seit Jahren arbeitet, aber nicht weiß, wie wertvoll sie ist. Mach einen Unterschied, indem du sie segnest und den Schatz, der in ihr steckt, herausrufst. Wenn du anfängst und mit dem, was du hast, Frauen in deiner Umgebung zu segnen, wirst du einen Raum für die Atmosphäre der Güte Gottes für die Frauen in der Gemeinde schaffen.

Lass nicht zu, dass im Leib Christi über die Dinge gesprochen wird, die nicht passieren, und dass die Dinge, die es wirklich wert sind, veröffentlicht zu werden, ignoriert werden.

Ich hab gute Neuigkeiten für dich: So wie Gott dich sieht und wie Er dich geschaffen hat, wiegt mehr, als jeder andere Gedanke, den du je hattest und jeder Vergleich, den du oder andere mit dir oder deinem Wert als Frau gezogen haben.

Gott möchte das schlammige Wasser unserer Gedanken und Kultur in den übernatürlichen Wein des Geistes verwandeln, so wie Er es bei der Hochzeit in Kanaan getan hat. Frauen sind gesalbt und bevollmächtigt. Wir sind durch Jesus, der alle Autorität in Seinen Händen hält, berechtigt, zu leben und frei von Vergleichen und Minderwertigkeit zu sein.

> *„Daher kennen wir von nun an niemand nach dem Fleisch; wenn wir Christus auch nach dem Fleisch gekannt haben, so kennen wir ihn doch jetzt nicht mehr so. Daher, wenn jemand in Christus ist, so ist er eine neue Schöpfung; das Alte ist vergangen, siehe, Neues ist geworden.“ (2. Kor. 5, 16-17, Elberfelder)*

Nichts disqualifiziert deinen Wert als Frau, außer in deiner eigenen Wahrnehmung getrennt von Gott zu sein.

Esther war eine einfache schöne junge Frau, bis sie das Herz des Königs gewann und die jüdische Nation rettete. Hier ist die gute Nachricht: Du hast dasselbe Privileg und dieselbe Position mit dem König der Könige! Anstatt auf unsere Begrenzungen und Einschränkungen zu sehen sollten wir unseren Fokus darauf legen, was wir *haben*! Durch Jesus haben wir alles, was wir brauchen, damit der Wert jeder Frau hier auf Erden freigesetzt werden kann.

Moses war ein Mann, der eine große Bürde verspürte, das Volk Gottes aus der Sklaverei zu führen. Seine Wut auf die Ägypter kostete einem Menschen das Leben, wofür er 40 Jahre ins Exil gehen musste. An diesem Punkt würden wir denken: „Ich hab`s verpasst!" Aber Gottes Gedanken über Moses haben ihn im Wüstensand eingeholt. Plötzlich gab Gott seinem Wunsch statt! Traurigerweise fing Moses an, sich mit anderen zu vergleichen. „Gott, ich stottere. Ich bin nicht so redegewandt, aber was ist mit meinem Bruder Aaron?" Gott ignorierte das völlig und sagte nur, dass der „ICH BIN" mit ihm sein würde (vergleiche 2. Mose 3).

Du siehst, Gottes Wort verändert alles. Mose hat sich darüber Gedanken gemacht, wer er **nicht** war. Gott wusste nicht nur, wer er war, sondern auch, dass Seine Gegenwart mit ihm sein würde.

Größer könnte der Unterschied nicht sein!

ZUGANG ZUM HERZ DES VATERS

Als ich gerade frisch aus der Bibelschule kam, baten mich die Pastoren meiner damaligen Gemeinde, die Leitung für den Dienst der Frauen und den Seelsorgebereich unserer Vineyard Gemeinde zu übernehmen. In meinen Gedanken war ich schon dabei, mich als für diese Aufgabe unfähig zu erklären. *Ich bin nicht so lustig wie mein Mann Kevin. Wer bin denn ich, dass ich all diese Dinge leiten soll? Sie sollten sich eine Person suchen, die mehr Erfahrung hat als ich.* Was mich davor bewahrte, diese Möglichkeit auszuschlagen, war, dass ich Gott nach Seiner Meinung gefragt habe. Er sagte mir, wenn ich Ihn so sehr brauchen würde, sei ich die beste Leiterin für diese Aufgabe. Seine Perspektive änderte alles. Ich hatte auf meinen Mangel geschaut, während Er nur meine Verbindung mit Ihm ansah. Wenn Du mit Gott verbunden bist, dann schickt jeder Gedanke, den Er hat, einen Segen auf Dein himmlisches Bankkonto und Du hast grünes Licht, abzuheben, was immer du brauchst. Warum? Töchter haben freien Zugang zum Herz ihres Vaters!

Rückblickend kann ich sehen, dass ich viele Privilegien nur dadurch bekommen habe, dass ich auf Gottes Stimme gehört habe. Ich diene Menschen in der Seelsorge seit ich zwanzig Jahre alt bin, ich bin in viele geistlichen Bewegungen mit einbezogen gewesen, habe Frauenkreise, Freizeiten und Programme geleitet.

In den Jahren der Seelsorge habe ich herausgefunden, dass einer der meist üblichsten Entscheidung, die den Lebensmut einer Frau abtötet, die ist, unter einem Fluch zu leben, der schon längst gebrochen wurde! Jesus hat den

Preis bezahlt, so dass jede Frau im Überfluss leben kann, in ihrer Weiblichkeit gesegnet ist und herausfinden kann, wie einzigartig Gott sie geschaffen hat. Die Frauen wurden nicht nur schon befreit, sondern auch bevollmächtigt, ihre Träume auszuleben. Überall bringt Gott Heldinnen hervor, die andere Frauen dazu bevollmächtigen werden, ihr Potential als königliche Töchter, die frei sind, um ihren Träumen nachzugehen, zu erfüllen- sowohl innerhalb als auch außerhalb der Gemeinden!

So viele Frauen haben sich unbewusst mit dem falschen Geist einverstanden erklärt und dachten, dass sie als Frauen ihre Begrenzungen hätten. Ich möchte, dass Du jetzt aufstehst und zu dem auferstandenen Leben wechselst, das Jesus jedem Gläubigen versprochen hat. Aller Schmerz, Depression, Angst, Sorgen, Unsicherheit und Ablehnung haben keine Macht gegenüber dem Blut Jesu, das für dich vergossen wurde. *Du bist Sein fröhlicher Gedanke!* Er ist der Weg, die Wahrheit und das Leben (siehe Joh. 14,6), und Er hat alles bereitgestellt, was du brauchst *und* was du dir wünschst, um in deine Bestimmung einzutreten!

Die Bedeutung deiner Träume

Gott würde gerne die falsche Denkweise der Frauen ändern, die denken, dass ihre Träume nur zweitrangig und nicht so wichtig für Gott seien. Ich rede nicht nur von Träumen, die darauf aus sind, die Welt zu retten, sondern auch von denen persönlicher Natur. Das mag sich ungewohnt anhören, aber es ist wahr! Gott hat jeden Teil deines Lebens dazu geschaffen, zu wachsen und zu gedeihen. Jeder deiner Träume ist Ihm wichtig, weil du Sein

Kind bist. Vielleicht hast du als Frau noch nie die Freiheit verspürt, jeden einzelnen Teil deines Lebens zu erforschen und herauszufinden, wofür Gott dich geschaffen hat. Gott fordert dich dazu auf!

Ich persönlich glaubte dieser Weltanschauung- sie war so in mein Denken integriert, dass ich sie gar nicht erkannt habe, bis ich 2002 in die Bethel-Gemeinde kam. Ich dachte immer, Gott würde sich dafür interessierten, was ich im Dienst *für Ihn* tun könnte, aber ich hatte die ganze Bandbreite meiner Talente und Leidenschaften noch überhaupt nicht entdeckt und in Betracht gezogen. Ich habe unbewusst geglaubt, dass sie nicht so wichtig sind und es nicht wert sind, dass ich ihnen nachgehe. Wie auch immer- durch prophetische Worte, die ich bekommen habe, nachdem ich nach Bethel kam, zeigte Gott mir, dass es Zeit war, die Person anzunehmen, die ich mit meinen Leidenschaften, Talenten und meiner Berufung wirklich war.

Ich wurde in ein sehr kreatives und prophetisches Zuhause hineingeboren, aber ich hatte diese Dinge abgelegt, weil ich dachte, sie seien für Gott oder im Dienst nicht so relevant. Ich liebte Jesus und wollte alles tun, was ich konnte, um Ihm zu dienen. Anstatt ein Kunststudium zu machen, ging ich zur Bibelschule. Das war in Ordnung, aber die Lüge, auf der diese Entscheidung basierte, war, dass Gottes Traum für mein Leben meine Leidenschaften, Erfahrungen und Wünsche nicht mit einschließen würde. Ich hatte einen Teil von dem, was mich ausmachte, abgesondert von all dem, wie Gott mich gern haben wollte.

Am ersten Sonntag, den ich in Bethel war, hatte ich sogar eine Vision, die ich in meinem Buch „Born to Create“[7] beschreibe. In dieser Vision bin ich im Bereich des Altarraumes und male, während unser Seniorpastor Bill Johnson predigt. Ich erinnere mich, wie sehr ich mich geschämt habe und versucht habe, das, was ich gerade tat, hinter einigen Stühlen zu verstecken, um bloß keine Aufmerksamkeit zu erregen oder Anlass für eine Unterbrechung zu sein. Ein Jahr später erkannte ich, dass Gott dort zu mir genauso gesprochen hatte, wie zu Petrus in Apostelgeschichte 10, als dieser die unreinen Tiere vom Himmel kommen sah, und schließlich verstand, dass Gott die Heiden in Seinen Heilsplan mit aufnehmen wollte. Auf ähnliche Weise konnte ich Gottes Wunsch nicht nachvollziehen, mich in den Dingen, die ich liebte, zu segnen. Ich hatte nicht verstanden, dass das wichtig für Ihn war, genauso wichtig wie der Dienst oder das Predigen. Wow, hatte ich eine Offenbarung!

Gott möchte *wirklich*, dass du weißt, dass Er *dich* gemacht hat, um Seinen Segen und Seine Freude in jedem Bereich deines Lebens zu entdecken. Gott möchte, dass wir anfangen, ganzheitlich zu denken und uns in jedem Teil unseres Lebens segnen lassen. Nicht nur das, auch unsere Fähigkeit, anderen zu dienen, wird sich weiter etablieren, je mehr wir *alles*, was uns ausmacht, widerspiegeln.

Heute arbeite ich mit dem Heiligen Geist zusammen und erschaffe Kunst, die Menschen auf der ganzen Erde Begegnungen mit Gott und Heilung bringt. Gott hat

---

7 „Born to create“ bedeutet übersetzt etwa: „Geboren um Neues zu schaffen“

niemals beabsichtigt, uns Gaben zu geben, die Er nicht segnen würde.

Gott hat mich gesalbt und Seinen Reichtum über alle Bereichen meines Lebens ausgegossen. Und nicht nur dass, sondern Er hat auch meinen Traum erfüllt, Kreativität freien Lauf zu lassen. Das passiert nicht nur durch mich, sondern auch durch andere, die sich vorher nie erlaubt haben, zu träumen oder etwas zu erschaffen. Ich hatte die Ehre, in den letzten acht Jahren eine leitende Position in der „Bethel School of Supernatural Ministry" (BSSM)[8] zu besetzen, und bin jetzt dazu übergegangen, alle kreativen Künste in Bethel und BSSM zu beaufsichtigen.

Ich reise nun um die Welt um den Menschen mitzuteilen, dass Gott sie mit einer kreativen DNA geschaffen hat, die sie entdecken und aktivieren können. Um es anders auszudrücken: Jeder von uns spiegelt eine andere Facette von Gottes Kreativität wider, weil wir nach Seinem Bild geschaffen sind.

Wenn wir versuchen, andere zu kopieren oder uns mit anderen vergleichen, wird die Welt nie die Facette sehen, die alleine wir in uns tragen. Deshalb sage ich euch Frauen Gottes, seid frei, alles in euch zu entdecken, ohne Angst vor Fehlern zu haben und ohne ständig zu hinterfragen, ob das, was Ihr tut, für Gott wichtig ist!

Ich möchte, dass Du erkennst, wenn Du dieses Kapitel liest, dass Gott dich von der verzerrten Denkweise über deine Wertigkeit befreien möchte. Er hat dich als Frau mit deinen Talenten und deiner Berufung geschaffen und Er möchte jeden Teil deines Seins segnen. *Du als Person*

8 Die Schule für übernatürliche Dienste in Bethel

bist wertvoll für Ihn, Er sieht dich nicht als Projekt oder Möglichkeit, um andere zu erretten. Er liebt alles an dir und möchte heute noch von deinen Träumen hören. Was sind deine Träume? Erzähl es Ihm jetzt! Was sind die Dinge, die du tief in deinem Herzen vergraben hast? Lass Ihn davon wissen. Wenn du sie Ihm übergibst, wird Er es sich zur Aufgabe machen, andere zu dir zu bringen, die dir helfen können, weiter zu gehen. Das wird nicht nur Auswirkungen auf dich haben, sondern auch in deinen Kindern und Kindeskindern Träume freisetzen. Stell dir mal vor, wie voll von Schnappschüssen dein Fotoalbum werden könnte, wenn deine Töchter und Enkeltöchter eine Vision von dem, was sie selber ausmachen, ergreifen können, weil sie gesehen haben, wie ihre Mutter und Großmutter ihre Träume gelebt haben! Deine Träume sind nicht nur an dein eigenes Schicksal gebunden, sondern auch an das derjenigen, die du von ganzem Herzen liebst. Erinnere dich an die Aussteuertruhe und den verblassten Schmuck und vertiefe dich in die Vorstellung von Gottes großem Überfluss. Solltest du dies vergessen dann lauf und fang an, den Sand am Strand zu zählen!

Du bist bevollmächtigt

Als Frauen brauchen wir eine Glaubensrevolution über uns in unserem persönlichen Leben, aber auch die Gemeinden als Ganzes brauchen eine Offenbarung über den Wert der Frauen und über ihren Platz, den sie in den Gemeinden einnehmen sollen. Jetzt ist die Zeit dazu! Gott möchte die Gemeinden freisetzen, damit sie Frauen jeder

Altersklasse bevollmächtigen! Vor kurzem hatte ich ein beispielhaftes Erlebnis zu diesem Thema.

Während ich eine „CREATE Supernaturally“[9]-Konferenz in einer Gemeinde leitete, fragte eine meiner Tänzerinnen ein junges Mädchen, ob sie mit ihr zusammen im Lobpreis tanzen würde. Traurigerweise erzählte das Mädchen, dass ihr Vater ihr verboten hatte, in der Gemeinde zu tanzen. Meine Tänzerin, Saara Taina, bat sie eindringlich, ihren Vater noch einmal danach zu fragen, da er gesehen hatte, wie viele Menschen durch unser Tanz -Team in ihrer Gemeinde an diesem Wochenende freigesetzt wurden zu tanzen. Sie fragte ihn noch einmal und kam zu Saara zurückgerannt, klatschte in die Hände und kreischte vor Freude: „Ja! Mein Papa hat ja gesagt!“ Genauso hat unser Papa im Himmel uns die Erlaubnis gegeben, zu tanzen, singen, schreiben, malen, lehren, leiten und *all* das zu sein, wozu wir geschaffen worden sind. Es ist egal, wie viele „Neins“ du hörst, dein himmlischer Vater sagt: „Ja!“.

Als Frau liegt es mir am Herzen, anderen Frauen dabei zu helfen, aufzustehen und in ihrer Identität zu wachsen um vollständig freigesetzt zu werden, um ihre Bestimmung zu erfassen. Als ich die Co-Leitung für die Bethel School of Supernatural Ministry (BSSM) hatte, habe ich zu diesem Zweck eine Feier für alle unsere Studentinnen im zweiten Jahr auf die Beine gestellt, die wir „Prinzessinnen Party“ nannten. Meine Freunde Ron und Sue McDonald halfen mir dabei, ein großzügiges Fünf-Gänge-Menü mit Musik in aller Feierlichkeit zu organisieren- einfach nur, um die

---

9 = „Übernatürliches Erschaffen“

Frauen zu ehren. Wir sorgten für eine Atmosphäre, die Gottes Herz widerspiegelte und segneten sie als Frauen der Erweckung. Sie kleideten sich festlich und oft haben wir noch Diademe gekauft oder gaben ihnen spezielle Geschenke, um ihnen den übermäßig großen Wert nahezubringen, den sie für Gott und den Leib Christi haben. Ehre bringt Ehre hervor. Die männlichen Studenten machten sich ebenfalls schick und bedienten die Frauen und gaben ihnen das Gefühl, Königinnen zu sein.

Solche Prinzessinnen-Partys sind eine kraftvolle Demonstration davon, wie Gott über Frauen denkt, und es ist nicht schwer, sie nachzuahmen. Du kannst das nicht nur für die Frauen deiner Gemeinde tun, sondern auch dich vom König der Könige ehren lassen und dich auf verschwenderische Weise mit Seiner Aufmerksamkeit verwöhnen lassen! Als ich auf der High-School war, hab ich oft eine Mahlzeit vorbereitet, bei der Jesus und ich uns einfach hingesetzt haben und zusammen geredet haben. Um es mit anderen Worten zusagen, ich sah mich selbst als wertvoll genug, um Seine ungeteilte Aufmerksamkeit zu bekommen.

Gott möchte dich feiern. Er möchte, dass du weißt, dass der ganze Himmel dir zujubelt- so einzigartig, wie du gemacht bist, mit dem, was du in dir trägst. Geh, nimm deine Kamera und mach ein Foto von dem gedeckten Tisch, dem wunderschönen Porzellan und der sanften Hintergrundmusik. Du sitzt draußen im prachtvollen Himmelsgarten, nippst an deinem Getränk und die wundervollsten Gerüche steigen dir in die Nase- die Wonnen des Himmels liegen vor dir. Dieses Fest ist nicht nur für deine Kinder, deine Familie oder Freunde, sondern es ist zu *deinen Ehren* ausgerichtet!

Die Nationen beeinflussen

Ich konnte nicht nur die Frauen unserer Schule segnen, sondern es liegt mir auch auf dem Herzen, dass Nationen verändert werden. Nachdem ich in Bethel eine „Supernatural School of Creativity-week“[10] ausgerichtet habe, ließ ich es mit einem Fest enden, dass ich „Heart4Nations“[11] nannte. Das nutzte ich, um ein Bewusstsein für die Kinder in Afrika aufzubauen. Wir hatten verschiedene Stände aufgebaut, zu denen die Leute gehen konnten: Imbissbuden, Live-Entertainment, einen Traum-Interpretations-Stand und prophetische Kunst-Stände, an denen jeder ein Bild darüber bekommen konnten, wer er ist. Es gab auch noch einen Stand, an dem Frauen sich schminken lassen konnten, einen Haarschnitt bekamen oder sich fotografieren lassen konnten. Das alles war dazu gedacht, ein Portrait davon zu erstellen, wer sie sind. Wir haben Künste und Handwerksarbeiten für Kinder angeboten, genauso wie Theaterstücke und Tanzaufführungen und das ganze Fest wurde musikalisch untermalt.

Alle Einnahmen gingen zu Heidi Baker und anderen Organisationen, die den Kindern in Afrika helfen. Wir taten das, weil ich eine Frau bin, die Kinder liebt, und Frauen, die den Kindern helfen, mir sehr wichtig sind. Meine kreative Leidenschaft und mein Herz für Erweckung rings um den

10 = eine „übernatürliche Schule für Kreativitäts“- Woche

11 = „ein Herz für Nationen“

Globus kann die Welt und diejenigen, die ich liebe, beeinflussen. Lasst uns noch einen Schnappschuss machen!

Wie kannst du, als Frau mit deinen einzigartigen Leidenschaften und Wünschen, einen Einfluss auf Nationen haben? Folgendes habe ich herausgefunden: Als ich in andere Länder gereist bin, war ich oft erstaunt, wie groß das Bedürfnis der Frauen ist, ihren Wert und ihre Identität in Gott herauszufinden. Es liegt mir auch sehr am Herzen, mich danach auszustrecken, als gläubige Frau eine prophetische Stimme der Ermutigung und Liebe zu sein. In den vergangenen drei Jahren habe ich Missionsreisen zu den Philippinen geleitet. Ich hatte das Privileg, dort eine mächtige Erweckung zu sehen. Gott baut eine Armee von Filipinos auf, die ihre Berufung kennen. Sie sind dabei, weltweit übernatürliche Kreativität auszuüben und sehen, wie Menschen errettet, geheilt, freigesetzt und gelehrt werden. Ich nenne sie meine Söhne und Töchter, und ich setze alles dran, mitzuerleben, wie sie zu den Menschen werden, die sie sein sollen.

So habe ich angefangen, einen Einfluss auf die Nationen zu haben, doch wahrscheinlich sind die Leidenschaften und Orte meines Herzens andere als du sie hast. Für welches Land brennst du? Wie könntest du deine Gaben und Stärken einbringen, um diesen Ort zu verändern? Mach einen Schnappschuss von dem Land, das du gerne von Gott berührt sehen möchtest und bitte Gott, dich freizusetzen und zu bevollmächtigen, dort als Mutter zu dienen. Dann warte darauf, wie Gott dir die Türen öffnet.

Eine sehr wichtige Vision, für die unsere Herzen brennen sollten, sind die vielen Frauen weltweit, die in Gebundenheit oder Sklaverei leben. Wir müssen ihre Stimmen hörbar werden lassen und nach einem Weg suchen, ihr Leiden zu beenden. Ich weiß nicht, wie das passieren soll, aber ich weiß, dass Gott mein Herz mit Seinen Plänen verbindet, um den Sexsklavenhandel zu beenden und um Gottes Gegenwart in jeden dunklen Winkel, wo Frauen unter Wert behandelt werden, eindringen zu sehen. Warum ich das glaube? Weil sie meine Töchter, meine Schwestern und meine Mütter sind. So bete ich: *Gott, mach den Weg frei!* Kürzlich habe ich ein Bild über den Sexsklavenhandel gemalt. Jemand hat es gekauft, um dabei zu helfen, diesen Handel zu beenden. Lasst uns tatkräftige Frauen mit Leidenschaft sein! Frage den Heiligen Geist, was deine Aufgabe dabei ist, damit jede Frau befreit werden kann, auf dass sie den Sand der Güte Gottes immer und immer wieder durch ihre Hände rinnen lassen kann.

Oft fragen wir uns: „*Was wäre, wenn* ich mich so sehen könnte, wie Gott mich sieht? Wie würde sich mein Leben dann verändern? Wie würden meine Beziehungen dann aussehen?" Lass genau jetzt alles andere liegen und gib dem „*Was wäre, wenn*" eine Chance, Realität in deinem Leben zu werden!

Dein Vater im Himmel macht Schnappschüsse von dir: Das erste Mal, als du etwas ohne die Angst, Fehler zu machen, kreiert hast. Das erste Mal, als du dir selbst wertvoll genug warst, um deinen Träumen nachzugehen. Das erste Mal, als du einen Schritt in deine Berufung machst. Es ist Ihm egal, wenn es nicht perfekt ist. Das einzige, was für Ihn zählt, ist, dass *du* es bist! Gott feiert dich genau jetzt! Der ganze Himmel sagt „Ja!" zu deinen Träumen und zu der Art, wie nur du alleine geschaffen bist. Deshalb setz dein Partyhütchen auf und lass uns ein Foto machen!

5. KAPITEL

Wahrhaftig bleiben

Von Jenn Johnson

Heraus mit der Sprache

Die meisten von uns haben die Fähigkeit, andere zu ermutigen. Wenn wir gute Dinge im Leben anderer Menschen sehen, können wir das sehr gut hervorheben. Soziale Netzwerke machen das besonders einfach. Das ist wichtig, aber es ist nur die eine Seite von Freundschaft. Wahre Freundschaft bedeutet, die guten Seiten in unseren Freunden zu sehen und zu loben und es heißt genauso, sie mit den schwierigen Sachen herauszufordern. Ich glaube, der Herr lädt uns ein, zusammen dahin zu kommen, dass wir untereinander für die guten Seiten, aber auch für die Schwächen des anderen einstehen. Wir sollen andere ermutigen, aber auch transparent genug sein, um ehrlich zu sagen, was wir denken.

Lasst uns wahrhaftig sein! Keiner ist perfekt! Blöde Dinge passieren und Menschen versagen- Menschen, die wirklich bewundernswerte Christen sind. Niemand wacht eines Tages auf und entscheidet sich, ein Mörder oder Ehebrecher zu sein. Es ist ein schleichender, verborgener Prozess über einen gewissen Zeitraum. Ein Prozess von kleinen Entscheidungen, die zusammengenommen einen großen Schaden anrichten. Das ist der Punkt, wo gute Freunde ins Spiel kommen. Oft haben wir die Fähigkeit, zu sehen oder zu spüren, dass etwas nicht in Ordnung ist. Und wenn wir den Mut haben, die Freundin anzusprechen, sobald wir zerstörerische Muster erkennen, können wir ihr vielleicht helfen, aus diesem Schlamassel herauszukommen, bevor alles in die Luft fliegt.

Stattdessen höre ich viel zu oft, wenn ein Mensch einen Fehltritt macht, wie andere Christen- Freunde dieses Menschen- sagen: „ Ich wusste es. Ich sah es kommen." Das ist nicht in Ordnung! Die Wahrheit ist, dass Gott uns erlaubt, es im Leben anderer Menschen „kommen zu sehen", damit wir es ansprechen können! Wenn wir es erst einmal gesehen haben, sind wir in den Bereich der Rechenschaftspflicht hineingerufen worden. Und wenn wir uns dann nur zurücklehnen und zuschauen- wenn wir uns weigern, die Fehler anzusprechen- dann werden wir zur Verantwortung gezogen. Ich rede nicht darüber, mit anderen zu tratschen, sondern davon, dass wir zu dieser strauchelnden Freundin gehen und ihr erzählen, was wir sehen. Dazu fordert Jesus uns auf.

„Wenn aber dein Bruder sündigt, so geh hin, überführe ihn zwischen dir und ihm allein! Wenn er auf dich hört, so hast du deinen Bruder gewonnen. Wenn er aber nicht hört, so nimm noch einen oder zwei mit dir, damit aus zweier oder dreier Zeugen Mund jede Sache bestätigt werde! Wenn er aber nicht auf sie hören wird, so sage es der Gemeinde; wenn er aber auch auf die Gemeinde nicht hören wird, so sei er dir wie der Heide und der Zöllner!" (Matt. 18, 15-17, Elberfelder)

Hier sagt Jesus uns ganz klar, dass wir einen Menschen ansprechen sollen, wenn wir es mit einem Vergehen oder einer Verletzung zu tun haben. Durch diese Konfrontation in Liebe können wir Heilung finden. Es ist so einfach zu denken, wir seien super-geistlich, wenn wir bei Gefühlen wie Schmerz, Betrug, Eifersucht, Missgunst, und so weiter für uns beschließen: *Ich bringe es einfach zum Herrn!* Meistens machen wir das nur wegen unserer Angst oder unseres Stolzes. Wir wollen nicht zugeben, was wirklich passiert. Es ist wahr, dass Gott allmächtig ist und Er ist in der Lage, sich um unseren Schmerz zu kümmern. Aber das entspricht nicht dem, was Jesus uns gesagt hat. Er sagte nicht: „Wenn Du Deinem Freund etwas vorwirfst, dann bete einfach darüber und ich werde es wegnehmen!" Stattdessen fordert Er uns auf: „Geh hin und sprich mit der Person!" Er möchte, dass wir unseren Streit zusammen lösen.

Wenn ich mir eine schlimme Verletzung am Arm zuziehe und die Wunde so tief ist, dass man bis auf den Knochen sehen kann, habe ich zwei Möglichkeiten. Ich kann ein nettes hautfarbenes Pflaster darüber kleben und so tun, als ob es mich nicht weiter beeinträchtigen würde. Oder ich hole mir medizinische Hilfe. Der Arzt würde meine Wunde reinigen und sie nähen. Das würde wehtun, wahrscheinlich mehr, als ich es wahrhaben möchte, aber hinterher wird die Wunde in der Lage sein zu heilen. Wenn ich mich aber für das Pflaster entscheide, wird sie nicht nur weiterhin wehtun, sondern sich wahrscheinlich infizieren und meinem Körper weiteren Schmerz und Krankheit zufügen.

Wenn wir uns emotional verletzt haben, entscheiden sich viele von uns für das Pflaster, weil es weniger schmerzhaft scheint und anfangs schöner aussieht. Wir denken, *ich brauche nicht darüber zu reden, was ich gerade durchmache. Ich kann das mit dem Herrn alleine ausmachen*. Ein Pflaster ist keine Langzeit-Lösung. Wir alle haben Gefühle. Wir alle machen schmerzhafte Erfahrungen in unseren Beziehungen und Gefühlen, die uns aus dem Gleichgewicht bringen. Und wir müssen ehrlich sein, um damit umgehen zu können und weiter zu kommen. Oder wir brauchen Freunde, die uns damit konfrontieren und sagen: „Hey, Du riechst komisch. Was versteckst Du unser dem Pflaster, Schwesterherz?"

Miteinander auskommen

Als Mutter lege ich eine liebevolle Strenge an den Tag, weil ich Ziele für meine Kinder habe. Ich habe die Erwartung, dass sie zu großartigen Persönlichkeiten heranwachsen, denen es leichtfällt, andere zu lieben und die die Welt verändern werden. Aber manchmal ist mein Tagesziel einfach nur, dass meine Kinder miteinander auskommen. Unsere zwei Mädchen sind neun und sechs und unser Sohn ist vier Jahre alt. Sie sind tolle Kinder, aber sie verbringen viel Zeit damit, gegen einander anzukämpfen. An manchen Tagen denke ich: *Kann das wahr sein? Könnt Ihr euch vielleicht einfach mal fünf Sekunden lang vertragen? Ich würde euch einen Dollar für zehn Minuten Waffenstillstand bezahlen!* Als gute Mutter liebe ich meine Kinder und wünsche mir, sie soweit heranreifen zu sehen, dass sie miteinander freundlich umgehen können.

Ich denke, Gott geht es mit uns genauso. Meine größten Erwartungen und die höchste Liebe für meine Kinder können sich nicht mal annähernd mit dem messen, was Gott für uns fühlt und über uns denkt. Er hat so unfassbare Träume für uns, dass ich mich schon manchmal frage, ob Er nicht den ganzen Tag denken muss: *Könnt ihr einfach mal miteinander klarkommen? Könnt ihr euch lieben und freundlich miteinander sein? Kannst du bitte aufhören, diese Worte einem anderen Menschen gegenüber zu sagen?* Er wünscht sich, dass wir lernen, einander wahrhaftig zu lieben.

Wenn ich meinen Kindern beibringe, sich zu vertragen, so wie Gott es mit uns tut, dann ist einer meiner größten Wünsche, dass sie in ihren Beziehungen erfahrener werden und dahin wachsen, dass sie nicht mehr mit all ihren Streitigkeiten zu mir kommen. Ich möchte, dass sie lernen, diese alleine zu klären. Das ist genauso auch Gottes Wunsch für uns, und deshalb können wir unsere Probleme nicht einfach nur zu Ihm und zu sonst keinem bringen. Er möchte, dass wir so erwachsen werden, dass wir nicht mehr zu Ihm rennen müssen, damit Er sie für uns löst (oder zu einem Freund laufen und uns darüber auslassen), sondern stattdessen zusammen an unseren Unstimmigkeiten arbeiten.

Das heißt natürlich nicht, dass wir mit Gott nicht über unsere Schwierigkeiten, die wir miteinander haben, reden dürfen. Ich sage nicht, dass Er darüber nichts hören möchte, sondern nur, dass Er uns auffordert, unsere eigenen Fähigkeiten zu erkennen, einen Konflikt innerhalb einer Beziehung auf eine gesunde Weise zu lösen. Im Gegenteil - wenn wir uns mit unseren Gefühlen einem anderen Menschen gegenüber befassen, dann ist es entscheidend, dass wir uns anhören, was der Herr uns über die angemessenen Schritte zu dieser Angelegenheit sagt. Wenn Eifersucht das Problem ist, dann ist es vielleicht keine so gute Idee, einfach zu der Person zu gehen und zu sagen: „Ich habe ein Problem. Ich bin eifersüchtig auf dich!" Jede Situation braucht eine eigene Antwort. Vielleicht ist ein Grund dafür, dass wir manchmal vor diesen Gesprächen der liebevollen Strenge davonlaufen, weil wir einfach nicht wissen, was wir sagen sollen. Aber Gott weiß es und Er möchte uns mit Seiner Weisheit ausstatten, damit wir mit so einer Situation vernünftig umgehen können.

Ein wichtiger Teil dieser Reife ist, dass wir uns bei unseren Freunden nicht darüber auslassen, was gerade passiert. Wir wollen darüber reden, das ist ganz normal. Während wir die Sache angehen, sollten wir das mit dem Herrn tun. Wenn wir darüber hinaus noch Gesprächsbedarf haben, sollten wir zu einer „Mutter" gehen. Eine Mutter ist nicht nur eine ältere Frau, sondern sie ist jemand mit geistlicher Weisheit, und steht nicht einfach nur auf unserer Seite, sondern fordert uns mit der Wahrheit heraus. Wenn wir bereit sind, uns zu demütigen und um Hilfe zu bitten, dann werden wir immer eine Mutter finden, die uns mit ihrer Weisheit zur Seite stehen kann. Wenn es Probleme in meinem Leben gibt, dann tue ich genau das. Ich suche mir eine Mutter und erkläre ihr es: „Dieses Problem beschäftigt mich. Was würdest Du tun? Ich brauche Hilfe!" Es ist demütigend, aber ich tue es immer, weil ich weiß, dass ich nicht alleine damit klarkomme.

Viele von uns Frauen sind sehr stark. Wir tun so viel für unsere Kinder und Familien. Wir haben die richtigen Antworten für ihre Probleme. Und wir geraten leicht in den Glauben, wir könnten alles selber bewältigen. Weil wir stark sind, fällt es uns umso schwerer, um Hilfe zu bitten. Wir denken, *ich bin erwachsen. Ich kann das und keiner muss mir helfen.* Das erste Mal, dass ich mich wie ein Erwachsener fühlte, war, als ich meine ganze Familie an Thanksgiving (Erntedank) zum Essen in mein Haus eingeladen hatte. Ich dachte, *ich bin erwachsen. Ich bin angekommen.* Aber das Schwierige am Erwachsensein ist, dass wir niemals wirklich ankommen. Es gibt keinen Punkt, an dem wir mit wachsen aufhören können und keine Hilfe mehr brauchen. Viele von uns meinen, Hilfe anzunehmen wäre ein Zeichen von Unreife, deshalb fragen wir nicht. Wir versuchen es alleine zu machen. Die Wahrheit ist, dass die Erkenntnis unseres Bedürfnisses nach Hilfe und der Wille, darum zu bitten, ein Zeichen von Reife ist.

Mein Mann Brian und ich sind seit zwölf Jahren verheiratet und wir gehen jedes Jahr zur Eheberatung. Wir sind uns einfach bewusst, dass wir immer noch Hilfe brauchen, egal wie gut unsere Ehe ist. Es braucht trotzdem Demut, weil einige Menschen uns dafür verurteilen, dass wir uns Hilfe holen. Das sind diejenigen, die vor dem Beratungszimmer sitzen, die Leute anstarren, die rein- und rausgehen und selbstgefällig denken: *Oh, ich wusste es, ich wusste es.* Das ist die Art von Menschen, zu denen wir werden, wenn wir uns weigern, nach Hilfe zu fragen. Wir werden anfangen, jeden anderen zu verurteilen. Wir werden denken: *Tja, ich kann es alleine. Ich bin eben schon wesentlich reifer.* Und wir werden an dieser Lüge festhalten, bis die Welt um uns herum einstürzt. Keiner von uns kann alles alleine bewältigen. Wir sollten stattdessen jeden beglückwünschen, der sich Hilfe holt, wenn er durch Schwierigkeiten geht. Wir sollten uns gegenseitig anspornen und ermutigen, wenn jemand das Risiko eingeht, transparent zu sein.

Transparenz

Das gilt nicht nur für persönliche Ärgernisse, sondern für alle Bereiche unseres Lebens. Wir alle treffen manchmal schlechte Entscheidungen die zu größeren Schwierigkeiten führen können. Selbst wenn wir ein noch so heiliges Leben führen, werden wir manchmal irgendwo mit hineingezogen, und in diesen Momenten sollten wir zu Jesus laufen- und wir sollten zu unseren Freunden laufen. Es geht nicht darum, dass wir mit diesen Dingen ausschließlich zum Herrn gehen. Wir brauchen auch einen Ort der „Schwesterngemeinschaft“, einen sicheren Ort, wo wir einander lieben und nicht nur ermutigen. Ich nenne es liebevolle Strenge, es bedeutet: „Ich liebe dich, und wenn du eine schwierige Zeit durchmachst und ich es erkennen kann, dann werde ich dich darauf ansprechen. Ich werde herumschnüffeln, weil ich dich zu sehr liebe, um dich mit diesem Kram alleine zu lassen!“

Manche Menschen wollen nicht, dass jemand in ihren Dingen herum stöbert. Sie zitieren gerne: *„Richtet nicht, damit ihr nicht gerichtet werdet.“* (Matt. 7,1, Elberfelder). Aber es gibt einen großen Unterschied zwischen Richten und liebevoller Strenge. Liebe fühlt sich nicht immer schön an, aber sie hat immer nur unser Bestes im Sinn. Gottes liebevolle Strenge nennt sich Überführung - wenn Er sagt: „Du solltest das nicht tun, weil das nicht Meinem Willen für dein Leben entspricht. Es ist nicht gut für dich!“, dann zwingt Er uns nicht, Ihm zuzuhören, aber Er macht es uns auch nicht ganz leicht, Ihn zu ignorieren. Das ist es, was wir für uns gegenseitig auch tun sollten.

Gott hat nicht gewollt, dass wir unser Leben nur in Verbindung mit Ihm leben. Manchmal wird Er nur durch andere Menschen zu uns sprechen, weil Er möchte, dass wir in einer engen Beziehung mit Ihm und miteinander leben. Ich habe das erlebt, als Brian und ich darüber beteten, ob wir noch mehr Kinder haben sollten oder nicht. Wir haben drei wundervolle Kinder und nachdem unser Drittes geboren wurde, haben wir uns beide gefühlt, als seien wir vollständig. Aber wir wollten eine Bestätigung haben, um sicherzustellen, dass Gott genauso darüber denkt und wir nicht einfach unseren Willen geschehen ließen. Eines Tages waren wir mit Freunden unterwegs, die vier Kinder haben, und unser Freund fragte uns, ob wir noch mehr Kinder haben wollten. Ich erzählte ihm von unseren Überlegungen und er sah mich an und sagte einfach: „Drei ist eine tolle Anzahl!" In dem Moment fühlte ich Frieden durch meinen Körper fließen und ich sah in Gedanken ein Bild, wie ein großes Buch geschlossen wurde. Da wusste ich, dass wir als Familie wirklich komplett waren, weil es Gottes Plan für uns war. Das war die Bestätigung, die ich brauchte. Gott gab sie mir durch einen Freund, weil wir alle ein Leib sind und einander brauchen.

Transparenz zu leben kann schwer sein, aber es ist wirklich wichtig. Im 1. Johannes 1,7 steht: *„Wenn wir aber im Licht wandeln, wie er im Licht ist, haben wir Gemeinschaft miteinander, und das Blut Jesu, seines Sohnes, reinigt uns von jeder Sünde.* " Im Licht wandeln bedeutet, transparent zu sein und die Menschen in uns hinein sehen zu lassen - unsere guten und auch die schlechten Seiten offenzulegen. Wenn wir das so tun, wie es dieser Vers sagt, werden wir nicht nur mit dem Leib Christi verbunden sein, sondern auch frei werden. Wir sind durch Jesu Blut gereinigt, während wir einander ganz unverblümt unsere Probleme darlegen. Wir möchten manchmal noch an dem Denken festhalten, dass wir sie einfach nur zu Jesus bringen, aber hier sagt Er wieder, dass wir offen sein sollen und auch Hilfe von unseren Brüdern und Schwestern annehmen sollen.

Wenn wir den Wert vom Leben im Licht - von der Transparenz und dem Ansprechen unserer Anliegen- erfassen würden, dann würden wir damit aufhören, Bitterkeit zu beherbergen und die Wunden in unseren Herzen eitern zu lassen. Wenn wir Gottes Herz hierfür sehen würden, dann würden wir unser Leben ändern.

Wir würden erkennen, dass wir durch Intimität geheilt werden - in transparenten Beziehungen, wo wir einander unsere Sünden und Kämpfe bekennen (siehe Jakobus 5, 16). Leider sind viele Leiter, die einen gewissen Grad an Berühmtheit erlangt haben, tief gefallen, weil sie dachten, sie müssten alles alleine machen. Sie haben die Wichtigkeit von Transparenz nicht verstanden.

Es ist Zeit in den Gemeinden über den Wert von transparenten Beziehungen zu predigen. Die Menschen müssen gelehrt werden, über ihre Gefühle zu reden anstatt sie zu verstecken und zu versuchen, sie alleine zu bewältigen.

Wie ich fast mein Herz verloren habe

Ich kann den Wert von Transparenz gut nachvollziehen, weil ich die Frucht davon in meinem eigenen Leben gesehen habe. Sie rettete unsere Ehe und unseren Dienst. Vor ungefähr acht Jahren sind Brian und ich herumgereist, haben überall Lobpreis geleitet und hatten sehr viel zu tun. Gott sprach zu mir, dass ich etwas kürzer treten sollte, aber ich wollte davon nichts hören. Ich war sehr beschäftigt damit, mit jedem, den ich getroffen habe, Beziehungen zu knüpfen und hatte einfach eine tolle Zeit. Mitten in diesem ganzen Trubel bin ich eine Herzensverbindung mit einem anderen Mann eingegangen. Er hat mich wirklich verstanden und er war oft da, während Brian viel unterwegs war. Dieser Mann hatte nicht viele Verantwortlichkeiten. Er hatte Zeit, um zu reden und zuzuhören und meinen Liebestank mit qualitativ wertvoller Zeit zu füllen.

Mein Mann Brian ist wundervoll und das Ganze war nicht sein Problem, sondern meins. Ich liebte ihn so sehr und tue es immer noch. Ich habe nicht nach einer anderen Beziehung Ausschau gehalten. Aber in dieser turbulenten Zeit habe ich mein Herz nicht so behütet, wie ich es hätte tun sollen. Und die Beziehung fing an zu wachsen. Ich habe darin nicht gesündigt, aber ich habe mich verbunden gefühlt. Diese Art von Gefühl ist der Anfang eines hinterhältigen, schlüpfrigen Abhangs, der eine Frau dazu bringen kann, eines Morgens aufzuwachen und zu sagen: „Ich werde meinen Ehemann verlassen und zu diesem anderen Mann gehen." Deshalb sind die kleinen Entscheidungen unserer Herzens so wichtig, und das ist auch der Grund dafür, dass Transparenz uns vor Schlimmerem bewahren kann.

Ich war dabei, mich in wirklich schlimme Schwierigkeiten zu stürzen. Dieser andere Mann war wundervoll. Er hatte nicht die Absicht mit mir eine Beziehung einzugehen oder die vermeintliche Leere in mir zu füllen. Er war einfach als Person toll. Und eines Tages, als wir unterwegs waren, fühlte ich, wie sich mein Herz nach ihm ausstreckte. Er wusste nicht, was passierte, aber ich sah und fühlte es. Die ganze Frustration und Leere, die ich in mir trug, hatte plötzlich einen Ort gefunden, wo sie gesehen wurde - nämlich bei diesem Mann, der nicht mein Ehemann war. Im Geist sah ich, wie mein Herz zu ihm flog und genau an dem Punkt beendete ich unser Gespräch. „Ich muss gehen!", sagte ich abrupt und umklammerte mein Herz, so als würde ich einen gebrochenen Arm in einen Gips stecken.

Glücklicherweise passierte das kurz vor unserer letzten Lobpreis-Einheit, bevor wir nach Hause flogen. Vor unserem Auftritt, ging ich hinter die Bühne und schrie: „Gott, ich hab mich mitten in die Nesseln gesetzt und jetzt brauch ich Hilfe!" Ich hätte es Brian sagen können- und hätte damit seine Welt zerstört und den anderen Mann mit in den Schlamm hineingezogen. Doch ich wusste, dass ich einfach nur mein Herz verbinden musste, solange bis ich Hilfe bekam. In der Nacht flogen wir nach Hause und ich rief noch vom Flughafen Danny Silk an, der zu dieser Zeit „Familienpastor" in Bethel war. Ich sagte, dass ich mit ihm reden müsste und dann fuhr ich sofort zur Gemeinde. Ich erzählte ihm alles und er ging sehr liebevoll mit mir durch die Dinge, bis mein Herz wieder an seinem Platz war.

Danny hielt seine Hände hoch und verschränkte die Finger ineinander, so wie Paare es machen, wenn sie sich an den Händen halten, und erklärte mir: „In einer Ehe bist du genauso verbunden. Wenn du durch deinen Tag gehst und dich in deinem Alltag behauptest, dann wird die Verbindung langsam etwas lockerer." Er zog seine Hände und Finger auseinander, bis sich nur noch die Fingerspitzen berührten. „Du hast die Möglichkeit, genau an diesem Punkt hier einzuschreiten und die Verbindung wieder zu erneuern.", fuhr er fort. Es war eine Einladung, die Beziehung wieder aufzubauen, anstatt sie einfach laufen zu lassen und nicht richtig darauf Acht zu geben, bis sie ganz zerbrochen war.

Schließlich holte Danny Brian dazu und ohne genau zu erklären, was passiert war, sprachen wir darüber, was ich vermisste und warum ich mich nach etwas anderem ausstreckte. Und das war richtig. Durch diese Offenheit war ich nicht nur in der Lage, meine Beziehung mit Brian wiederherzustellen, sondern ich konnte auch die Wurzeln der ganzen Sache angehen. Ich lernte sehr viel daraus. Ich erkannte, wie ich meine Beziehung zu Brian aufrechterhalten und ihn in meiner Prioritätenliste vor meine Kinder und meinen Dienst stellen konnte. Das kann, wenn jeder Tag voll ist, schwierig sein, aber Gott hat den perfekten Zeitplan für jeden von uns. Kris Vallotton sagte mal zu mir: „Es gibt genug Gnade, um alles zu tun, was Du tun musst."

Während ich mit Danny in seinem Büro saß und ihm erzählte, was in meinem Herzen vorging, musste ich erkennen, dass ich einiges in meinem Leben in Ordnung bringen musste. Ich musste bessere Entscheidungen treffen und meine Bedürfnisse klarer äußern. Danny half mir, damit aufzuhören, andere Menschen oder Situationen für das, was passiert oder nicht passiert ist, verantwortlich zu machen. Er half mir, es andersherum zu sehen und brachte mir bei, zu sagen: „Ich brauche" und „Ich fühle". Es war demütigend, zugeben zu müssen: „Ich habe Bedürfnisse, und das hier sind sie!" Aber es funktionierte. Wir versorgten die Wunden und es tat weh. Ich bin eine starke Frau und ich habe schon viel durchgemacht, aber das hat höllisch wehgetan! Am Ende konnte ich mit Dannys Hilfe diese Wunde in meinem Herzen verschließen und heute habe ich nicht mal mehr eine Narbe zurückbehalten.

Wir alle müssen uns diesen Dingen in unserem Leben stellen - diesen Momenten, wenn schädliche Gefühle versuchen, die Oberhand zu bekommen. Wir möchten sie verstecken, ein Pflaster drüber kleben und hoffen, dass sie einfach von alleine wieder verschwinden. Aber wenn wir uns nicht um sie kümmern und sie ans Licht bringen, damit andere uns helfen können, diese Wunden zu versorgen, dann werden sie sich infizieren. Sie werden uns vergiften. Gott sei Dank haben wir durch Offenheit und Transparenz im Leib Christi noch einen anderen Weg. Du musst nicht auf deinen Problemen sitzen bleiben. Lass sie einfach wegspülen!

Bewahre Dein Herz

In den Sprüchen steht: *„Mehr als alles, was man sonst bewahrt, behüte dein Herz! Denn in ihm entspringt die Quelle des Lebens.“* (Spr. 4,23, Elberfelder). Es heißt: „mehr als alles andere“, weil es wirklich wichtig ist, unser Herz zu bewahren. Wenn du selbst oder eine Freundin irgendetwas durchmachst, dann hast du zwei Möglichkeiten - zwei mögliche Szenarien: Ignorieren oder konfrontieren. Ob es in deinem Leben oder in dem deiner Freundin ist- die Wahlmöglichkeiten sind dieselben. Ich lade dich ein, aufzuhören, Dinge zu ignorieren, und die schwierige Entscheidung zu treffen, die Probleme in deinem Leben anzugehen. Finde eine „Mutter“ und hole dir Hilfe. Egal wie alt du bist, du brauchst immer noch Hilfe von anderen Menschen.

Ich möchte dich auch noch bitten, genau hinzuschauen, was du über andere erzählst. Es entsteht nichts Gutes daraus, wenn wir andere kritisieren und über sie herziehen, doch gute Frucht entsteht durch Gebet. Kümmere dich um deine Freunde, indem du sie immer wieder fragst, was sie bewegt. Unterschätze den Einfluss deiner Meinung nicht und vergiss nicht, dass du als Tochter des Königs Kraft in dir trägst. Du bist wie Lucy, das kleine Mädchen in „Die Chroniken von Narnia", die neben dem mächtigen Löwen Aslan hergeht. Wenn etwas zu groß erscheint, zu weit entfernt von deinem Einflussbereich, dann denke daran, dass du das kleine Mädchen bist, das neben einem riesigen Löwen läuft. Er wird dir dabei helfen, die Schwierigkeiten anzugehen, die vor dir liegen. Du bist nicht allein! Es liegt unfassbar große Kraft in der Partnerschaft von einem kleinen Mädchen mit einem Löwen!

KAPITEL 6

Beziehungen an erster Stelle

Von Sheri Silk und Brittney Serpell

Wenn wir unser Leben betrachten, sehen wir im Großen und Ganzen, dass unsere Beziehungen das sind, was wirklich zählt- unsere Verbindung zu unserem himmlischen Vater, mit unserem Ehemann, unseren Kinder, unseren Eltern, unseren Geschwistern und unseren Freunden.

Diese Beziehungen sollten oberste Priorität für uns haben- sie sind das Behältnis für Erweckung. Um Einfluss auf diese Welt zu haben und den Himmel auf die Erde zu holen, brauchen wir starke, gesunde Familien. Und dafür wiederum müssen wir lernen, in Liebe zu handeln und Beziehung zu priorisieren.

Ich (Sheri) traf kürzlich einen Mann, der eine Umfrage bei MTV gemacht hat und die MTV Zuschauer fragte: „Wobei würdest du in deinem Leben gerne Hilfe haben? Was ist die eine Sache, bei der du dir wünschen würdest, Hilfe zu haben?“ Die häufigste Antwort war: „Ich wünsche mir eine bessere Beziehung zu meinen Eltern.“ Dieser Mann ging zurück zu den MTV- Produzenten und sagte: „Ihr kennt noch nicht mal Euer eigenes Publikum. Ihr werft sie mit einem Haufen Müll zu und gebt ihnen diesen ganzen Kram hier, aber was sie wollen, ist eine Beziehung zu ihren Eltern!“

Wir alle sehnen uns nach dieser Beziehung. Unglücklicherweise, wie die Umfrage dieses Mannes mit den MTV- Zuschauern zeigt, leiden viele Menschen in unseren Gemeinden und Familien unter zerstörten Beziehungen.

Diese Beziehungen sind nicht einfach nur zerbrochen, weil uns die Menschen in unserem Leben egal sind (oder wir ihnen), sondern weil Beziehungen so oft auf Regeln und Kontrolle gegründet sind, anstelle auf Liebe und Verbindung miteinander.

Vor einigen Jahren erfuhr unsere Familie am eigenen Leibe etwas über die Priorisierung von Beziehung.

Britts Geschichte

Als ich (Brittney) sechszehn Jahre alt war, sind wir von Weaverville nach Redding (in Kalifornien) gezogen und ich habe mich sehr einsam gefühlt. In einem Internet Chatroom habe ich mich mit einem Jungen getroffen, der mir Zuwendung in einer Art gab, wie ich sie vorher nicht gekannt hatte. Ich hatte noch keinen Freund gehabt und habe mich mit diesem Jungen unterhalten und seine Aufmerksamkeit genossen. Wir telefonierten bis spät in die Nacht und fingen an ein Treffen zu planen. In der Woche, bevor wir uns treffen wollten, war meine Familie in Los Angeles und ich erzählte meinem Cousin, was ich vorhatte. Er war der Einzige, der etwas davon wusste.

Als der Tag gekommen war, erzählte ich meiner Mutter, ich würde zu einer Party bei einer Freundin gehen, was mir den Grund dafür verschaffte, den ganzen Tag unterwegs zu sein. Dann traf ich diesen Jungen im Park. Meine Mutter versuchte zwischendurch, mich zu erreichen, was ihr aber nicht gelang. Sie rief bei meiner Freundin zuhause an, wo ich eigentlich sein sollte, und diese sagten ihr: „Brittney ist gar nicht hier gewesen!“. In diesem Moment sank ihr Herz in die Hose und das Kopf-Kino mit all den schlimmen Dingen, die passieren könnten, startete.

Während sie versuchte, herauszufinden, wo ich war, erinnerte sie sich, dass ich in der Woche davor viel Zeit mit meinem Cousin verbracht hatte. Sie rief ihn an in der Annahme, dass er mehr wissen könnte. Er gab alles zu und erzählte ihr, dass ich geplant hatte, einen Jungen im Park zu treffen, den ich online kennengelernt hatte. Aber er wusste nicht, für welchen von den ungefähr zwanzig Parks in Redding wir uns entschieden hatten.

Meine Mutter konnte meinen Vater nicht erreiche, weil er an diesem Tag außerhalb der Stadt ohne Handyempfang unterwegs war. Sie war alleine zu Hause und mein Vater und ich waren mit unseren beiden Autos gefahren. Die Gedanken gingen mit ihr durch: *„Ich weiß nicht, wo meine*

Tochter ist! Was ist, wenn ihr etwas passiert ist? Ich weiß noch nicht mal, ob sie noch am Leben sein wird, wenn ich sie finde!"

In der Zwischenzeit hatte ich eine tolle Zeit. Meine Mutter rief sogar Kris und Kathy Vallotton an- einige der wenigen Menschen, die wir in der Stadt kannten- und erzählte ihnen, was passiert war. Die zwei beteten und der Herr zeigte ihnen ganz genau, wo ich war. Sie fuhren direkt zu mir. Als sie mich im Dunkeln fanden, war ich bereits seit ungefähr acht Stunden weg und küsste einen Jungen, den ich zum ersten Mal getroffen hatte.

Kris redete mit dem Jungen und ich rief zu Hause an. Dabei stellte ich fest, dass ich über vierzig nicht angenommene Anrufe auf meinem Handy hatte. Mein Vater erklärte mir unter Tränen, dass er gerade der Polizei meine Beschreibung durchgegeben hatte. In diesem Augenblick durchfuhr mich ein Anflug eines heftigen Schmerzes: *„Oh mein Gott, was habe ich getan?"* Aber ich konnte mit diesem Gedanken nicht wirklich umgehen, denn ich war sechszehn Jahre und der Meinung, über alles Bescheid zu wissen. Deshalb entschied ich mich, lieber wütend zu sein. Ich bereitete mich auf einen Kampf vor.

Während Kris und Kathy mit meinen Eltern sprachen, saß ich da und wartete auf meine Bestrafung. Ich hatte gedanklich meine Boxhandschuhe angezogen und war bereit. Sie kamen in den Raum und in den Augen meiner Mutter sah ich Ärger, weil es aussieht wie Ärger, wenn jemand Angst hat. Mein Vater war ruhig und ich dachte, er steht wahrscheinlich noch unter Schock. Als wir anfingen zu reden, gerieten meine Mutter und ich aneinander. Dann übernahm mein Vater und fing an, Fragen zu stellen wie: „Was hast du getan? Was hast du dir dabei gedacht? Was passiert hier überhaupt? Warum machst du so etwas?"

Ich sprang sofort darauf an: „Du hast überhaupt keine Vorstellung davon, unter welchem Druck ich als dein Kind stehe. Egal wo ich hinkomme bin ich Danny Silks Kind. Jeder weiß alles über mich. Ich werde ständig mit meinen Freunden verglichen. Das ist der Druck, mit dem ich leben muss, weil ich dein Kind bin und ich hasse das! Ich weiß noch nicht mal mehr, ob ich noch ein Christ sein will!"

Daraufhin kam mein Vater auf Knien zu mir herüber, legte sein Gesicht und seine Hände auf meine Knie und sagte: „Britt, ich werde sofort aufhören. Ich werde meinen Job als Pastor aufgeben. Ich werde wieder zur Sozialarbeit zurückkehren, weil mein größtes Ziel ist, dass du, deine Mutter und deine Brüder errettet seid. Das ist das einzige, was wirklich für mich zählt. Wenn es für dich zu viel Druck bedeutet, dass ich ein Pastor bin, dann werde ich heute noch damit aufhören!"

Mein Vater machte absolut klar, dass ihm seine Beziehung mit mir weit wichtiger war als das, was er tat, um den Lebensunterhalt zu verdienen, wo wir lebten oder was für einen Job er hatte! In diesem Moment wurde mir klar, dass ich im Leben meiner Eltern Priorität hatte. Meine Eltern zeigten mir beide weiterhin, dass sie mich liebten und dass unsere Beziehung für sie wichtig war und nach ein paar Monaten begriff ich, wie sehr ich sie verletzt hatte. Ich ließ die schlechten Entscheidungen und den Freund hinter mir und entschied mich stattdessen für eine Beziehung mit meinen Eltern und mit Gott.[12]

Wut gaukelt Macht vor

Diese Situation war sehr beängstigend und schmerzhaft für Danny und mich (Sheri), aber wir waren uns klar darüber, dass das Wichtigste war, unsere Beziehung mit Britt zu schützen und zu stärken.

Während Britt versuchte, sich über ihr Leben klar zu werden, bemühten wir uns, diesen Prozess nicht mit unserem Ärger zu verunreinigen. Wenn wir unseren Ärger und jede Menge von Regeln in die Waagschale geworfen hätten, dann hätte sie nur noch das gesehen. Sie wäre nicht mehr offen gewesen für das, was Gott tat, sondern hätte auf unsere Ärger reagiert, indem sie ihren eigenen Zorn auf uns projiziert hätte. Und sicherlich hätte sie unsere Liebe nicht spüren können.

Wut gaukelt Macht vor. Sie gibt dir das Gefühl, mächtig zu sein und die Kontrolle über die Dinge zu haben. Aber in Wahrheit hat keiner von uns über irgendjemanden die Kontrolle, außer über sich selbst. An einem guten Tag hab ich mich selbst unter Kontrolle. An einem sehr, sehr guten Tag, habe ich mich den ganzen Tag lang unter Kontrolle. Ich sage mir, was ich tun soll und tue es. Unglücklicherweise haben wir diese Illusion bezüglich unseren Kindern (und manchmal auch anderen Menschen gegenüber), dass wir sie kontrollieren können.

---

12 Eine ausführlichere Version dieser Geschichte kann man in dem Buch von Britneys Vater nachlesen, „Erziehung mit Liebe und Vision“ von Danny Silk

Solange sie klein sind, können wir sie einfach hochheben und woanders hin bewegen. Es ist ein Stück Kontrolle dabei, aber wenn sie älter werden, ist es ein Scherz, sie kontrollieren zu wollen. Das können wir nicht! Es ist vielleicht möglich, wenn sie sich entscheiden, uns entgegenzukommen. Doch wenn sie das nicht tun, werden wir sehr schnell herausfinden, wer die Kontrolle über wen hat.

Wenn wir mit Beziehungen und Situationen konfrontiert werden, die sich für uns unkontrollierbar anfühlen, dann reagieren wir oft mit Wut, weil sie uns das Gefühl gibt, stark zu sein. Doch das ist eine Illusion. Sie lässt uns beängstigend und stark aussehen und manchmal bewegen sich die Menschen dadurch auch. Es scheint zu funktionieren- vor allem wenn die Kinder noch klein sind. Doch wenn wir unsere Kinder so behandeln, wenn sie klein sind, werden viele von ihnen, wenn sie erst einmal zehn Jahre oder älter sind, es uns zurückgeben. Sie werden für sich erkennen, dass es in Beziehungen darum geht, wer die Macht hat, und dass Wut das Medium dafür ist, und sie werden uns zeigen, wie unglaublich wütend sie sein können!

Wut ist *sehr* respektlos, und dennoch säen sie so viele von uns immer und immer wieder in die Beziehungen mit ihren Kindern, Ehemännern und anderen Menschen. Wir arbeiten sie tief in den Boden unserer Beziehungen ein, und dann werden unsere Kinder größer, und andere Menschen haben die Nase voll von uns, und sie fangen an, es uns zurückzuzahlen. Wir denken vielleicht: *„Was ist passiert? Wer ist dieser rebellische Teenager? Was ist mit meinem*

Mann geschehen?" Aber die Realität ist, dass wir am Ernte-Tag ernten werden, was wir gesät haben. Wir haben Wut benutzt, um Macht in unseren Beziehungen zu bekommen, weil das Gefühl von Kontrolle für uns Priorität hatte. Im Gegenzug bekommen wir Beziehungen, die auf Kontrolle basieren, und nicht auf echter Liebe und Verbundenheit.

Geblendet durch Angst

Wenn Beziehungen getestet werden, reagieren viele von uns mit Angst. Angst und Wut sind eng miteinander verknüpft. Die Realität, dass jemand, den wir von Herzen lieben, uns tief verletzen könnte, versetzt uns in Angst und Schrecken. Deshalb passiert es, dass wir ausrasten, wenn wir sehen, dass uns Kind, Ehemann oder Freund etwas tut, was uns ängstigt. Wir sind nicht mehr wir selbst, wenn wir Angst haben.

Als ich zwölf Jahre alt war, ging ich mit meinem Cousin, der zwei Jahre älter ist als ich, in einem See schwimmen. Wir waren beide gute Schwimmer und ich war sogar im Schwimmteam. Ich hatte keine Probleme mit dem Schwimmen. Wir standen im Wasser, was zwar tief war, aber nicht über unsere Köpfe reichte, und spielten. Dann machten wir plötzlich einen Schritt ins Leere. Wir erkannten nicht, dass es nur die Kante eines steilen Abhangs in diesem See war und bekamen Angst. Obwohl wir gute Schwimmer waren, zappelten wir im Wasser herum, als ob jemand uns nach unten ziehen würde. Wir konnten beide schwimmen, aber wir bekamen Panik, drehten uns buchstäblich um uns selbst und drückten uns gegenseitig unter Wasser, bei dem Versuch, wieder auf festen Boden zurückzukommen. Mein Onkel musste tatsächlich in voller Montur in den See springen und uns herausziehen, bis wir wieder stehen konnten.

Eigentlich war es lächerlich, aber es zeigt sehr schön, was passiert, wenn wir Angst haben. Wir hören auf, wir selbst zu sein und attackieren jeden um uns herum. Alles, woran wir in dem Moment denken, ist Selbstschutz. Als Britt mit dem Jungen durchbrannte, war ich zutiefst erschrocken. Ich hatte keine Ahnung, wo sie war, oder was mit ihr passierte. Ich hatte Angst, dass etwas sehr Schmerzhaftes in meinem Leben passieren könnte und es machte mich schier wahnsinnig. Als wir sie fanden und alles mit ihr in Ordnung war, drohte die Angst sich zwischen uns zu stellen. Angst wollte, dass ich alles Nötige tat, um mein Herz zu schützen und Britt davon abzuhalten, mir jemals wieder so weh zu tun. So viele von uns reagieren in schwierigen und schmerzhaften Situationen so! Wir haben Angst davor, dass uns wehgetan wird, deshalb hören wir auf uns normal zu verhalten, und beginnen aus dem Bedürfnis nach Selbsterhaltung zu reagieren.

Angst macht es uns unmöglich, anderen Liebe zu zeigen. Wir müssen uns mit unseren Ängsten auseinandersetzen und uns entscheiden, zu lieben, egal was passiert. Als Mutter erkannte ich, dass es durchaus möglich ist, dass die Menschen, denen ich das Leben geschenkt habe, mich mehr als irgendwer sonst auf diesem Planeten verletzen würden. Und ich musste mich entscheiden, dass ich sie von ganzem Herzen liebe - was auch passiert!

Im Herzen verbunden

Ich habe mal mit einer Mutter in England gesprochen, die große Probleme mit ihrem fünfzehnjährigen Sohn hatte. Sie erzählte mir, dass er sich aus dem Haus schlich, sich einen Irokesenschnitt zulegte und die Ohren piercte, und mit anderen Kindern herumhing, die einen schlechten Einfluss auf ihn hatten. Ich versuchte, ihr einige Anregungen zu geben, aber sie sagte immer nur: „Das funktioniert nicht!". Sie war verletzt, weil sie ihren Sohn so sehr liebte und kämpfte damit, die Hoffnung aufrecht zu erhalten. Mütter haben so eine unfassbar große Liebe für ihre Kinder - sie ist sehr mächtig, wenn sie in die richtige Richtung gelenkt wird!

Ich betrachtete diese Frau und sagte ihr: „Ich glaube, du solltest mal das Benehmen deines Kindes gedanklich beiseitelegen und nach dem Herzen des kleinen Jungen suchen, den du kanntest, als er klein war. Geh hin und versuche, sein Herz zu berühren. Sieh nicht auf seinen Haarschnitt, seine Ohren und seine Kleidung. Schau dir seine Freunde nicht an. Sieh überhaupt nicht auf diesen ganzen Kram. Geh einfach hin und suche die Verbindung zum Herzen dieses Kindes!"

In den Tagen nach der Krise mit Britt fiel ich in ein tiefes schwarzes Loch. Unsere Beziehung zu ihr fühlte sich total kaputt an und sie tat ihr Bestes, um bloß keine Verbindung zu uns aufzunehmen. Wir können versuchen, zu jemandem eine Verbindung aufzubauen, aber wenn die andere Person das nicht möchte, was können wir dann tun? Wir haben sie einfach weiter geliebt. Wir weigerten uns, aufzugeben und hielten unsere Liebe aufrecht. Mitten in diesem Gefühl, so weit entfernt von Britt zu sein und so sehr verletzt worden zu sein, wussten Danny und ich, dass unsere Beziehung mit ihr vorrangig war. Wenn wir das nicht mehr hatten, was war dann noch wichtig? So taten wir alles, was wir konnten, um diese Beziehung zu stärken und zu schützen, auch wenn sie nicht stark aussah und obwohl es ihr egal zu sein schien. Was sie auch tat oder sagte, wir hielten ihr unsere Liebe entgegen. Und tatsächlich gewann die Liebe.

Die Beziehung stärken

Letztlich ist alles, was wir haben, unsere Beziehungen zu anderen Menschen. Diese Beziehungen können aus einer Drachenleine oder einer stählernen Angelschnur gemacht sein, die stark genug ist, einen Hai zu fangen. Wir entscheiden, woraus das Band ist, das uns mit anderen verbindet. Wenn wir starke, stählerne Hai-Fangleinen haben wollen, dann müssen wir unsere Beziehungen zu Menschen höher priorisieren als die Einzelheiten des Konflikts. Nur wenn die Verbindung stark ist, ist sie in der Lage, eine Last zu tragen, ohne dadurch zerstört zu werden.

Wenn ich versuche, dich mit etwas zu konfrontieren, was mir sehr schwerfällt zuzugeben oder sehr schmerzhaft für mich ist, und unsere Verbindung ist wie eine dünne Schnur, dann würde das Ganze nicht gut ausgehen. Wenn ich nur gerade eben so viel Liebe investiert habe, um eine brüchige Schnur aufzubauen, dann habe ich nicht genug gegeben. Wenn sich Konflikte anbahnen, wird die Verbindung reißen. Doch wenn ich sehr viel in unsere

Beziehung investiert habe und ihr eine hohe Priorität beigemessen habe, und ich dann zu dir gehe und sage: „Hey, wenn du das machst, dann tust du mir weh!“, dann habe ich etwas, woran ich ziehen kann. Die Beziehung ist stark genug. Wie eine Angelschnur, die die Spannung und das Gewicht des Konflikts halten kann. Wenn wir so eine starke Verbindung haben, und ich an der Schnur ziehe, dann wirst du in der Lage sein, mein Herz zu hören. Du wirst in Verbindung mit mir bleiben wollen, weil die Investition so viel an Wert hat und so stark ist, dass sie mit den schwierigen Dingen umgehen kann. Bevor wir uns mit einer anderen Person auseinander setzen, sollten wir wissen, wie unsere Beziehung zu dieser Person beschaffen ist.

Wenn wir erkennen, dass wir mit einem Menschen keine Verbindung haben- mit unserem Kind, unserem Ehepartner, oder irgendjemand anderem- dann sollte unser größtes Anliegen sein, sie wieder herzustellen. Wir sollten dann erst mal überhaupt kein Augenmerk auf das Problem und seine Lösung legen. Das würde die beginnende, noch schwache Beziehung nur sofort wieder zerstören. Wir sollten am besten gar nicht auf die Schwierigkeiten schauen, und auf gar keinen Fall darüber reden. Das Wichtigste ist und bleibt die Beziehung, und solange wir die nicht haben, wird es keine wirkliche Lösung für das Problem geben! Alles andere wird die betreffende Person verletzen und unsere Verbindung zu ihr weiter schwächen. Stattdessen sollten wir die Stelle finden, an der die Beziehung Schaden erlitten hat. Wir können versuchen, uns zu erinnern, an welcher Stelle die Verbindung zu dem anderen Menschen gelitten hat-

vielleicht war es ein Streit oder äußerer Druck. Wenn wir den Bruch finden, dann können wir anfangen, an dieser Stelle bewusst die Beziehung zu stärken.

Ich mag die Vorstellung, mir Beziehungen zwischen Menschen wie Brücken vorzustellen. Unsere Beziehungen verbinden uns. Sie befähigen uns, gegenseitig unsere Herzen zu erreichen und aufrichtige Liebe auszutauschen. Wenn wir unsere Beziehungen einschätzen müssen, können wir uns fragen: „Woraus besteht die Brücke zwischen mir und der anderen Person? Ist es eine feste, stabile Brücke, oder ist sie wackelig und steht kurz vor dem Zusammenbruch? Wenn unter ihr ein tiefer Abgrund mit Krokodilen wäre, würde ich dann über diese Brücke gehen?“ Diese Fragen können uns helfen, einen Durchblick zu bekommen oder uns ein Bild davon zu machen, was wir auf emotionaler Ebene in dieser Beziehung gerade ausprobieren. Wenn wir im realen Leben auf dieser Brücke nicht gehen würden, sollten wir es in unserer Beziehung auch nicht riskieren.

Trotzdem wagen wir uns oft hinaus auf diese schwachen Verbindungen, weil die Situation uns emotional sehr stark bewegt. Wir denken, *„Ich bin sauer auf dich, und das werde ich dir zeigen und dir erzählen, was hier los ist!“*. Und dann stehen wir auf dieser knirschenden Brücke, die den Konflikt nicht tragen kann, und alles fängt an, einzustürzen... Plötzlich werden unsere Probleme noch viel größer. Jetzt müssen wir uns auf einmal mit ganz anderen Dingen befassen - mit den Krokodilen im Wasser- mit Dingen wie Autofahren unter Alkoholeinfluss, Schwangerschaften im Teenageralter, Affären, Betrug und weiteren, extrem schmerzhaften Situationen. Wenn wir die Stärke der Brücken zwischen uns und anderen Menschen überschätzen, wählen wir den Schmerz. Denn wenn wir einen Menschen auf diese Weise verletzen, wird er alles daran setzen, uns auf Distanz zu halten. Manchmal wird diese andere Person auch verbissen versuchen, uns Schmerzen zuzufügen. Letztlich wird es sich dann nur noch um das Streben nach Kontrolle drehen, indem man die andere Person verletzt und unter Druck setzt - und alles, was an aufrichtiger Beziehung einmal da war, geht verloren. Auch wenn wir es nicht immer erkennen, sind viele unserer Beziehungen so geworden, weil wir die Verbindung zu der anderen Person nicht ernst genug genommen haben.

Die Beziehung zu unseren Kindern ist besonders essentiell. Die meisten von ihnen sind noch nicht reif genug, um den Anfang zu machen und die Verbindung zu uns zu suchen, wenn wir es noch nicht getan haben. Das ist unsere Aufgabe als Eltern. Danny bezeichnet unsere Kinder oft als Drachen. Jeder Drachen hat eine Schnur, die die Beziehung von den Kindern zu ihren Eltern darstellt. Sie kann aus Stahl gemacht sein oder aus einem Stofffaden. Wir halten die Schnur fest und wenn unsere Kinder langsam zu Teenagern heranwachsen, kommt Wind auf. Andere Menschen beeinflussen sie. Menschen, die wir noch nicht einmal kennen, sprechen in ihr Leben hinein. Und so fliegen sie inmitten des Wirbels aus Freunden und Lehrern, Trainern und berühmten Persönlichkeiten-vielen Stimmen und vielen Meinungen - und das Einzige, das wir in der Hand halten, ist unsere Verbindung zu ihnen - unsere Drachenschnur. Je stärker unsere Beziehung ist, desto mehr Gewicht wird unsere Meinung haben und desto mehr Stabilität werden wir ihnen auf ihrer Reise mitgeben können.

Dieses Bild ist für uns als Eltern ganz schön beängstigend. Es ist voll von Realitäten und Möglichkeiten, die wir nicht kontrollieren können. Und die Wahrheit ist, dass es manchmal völlig egal ist, was wir tun. Wir können sehr starke Beziehungen zu unseren Kindern haben, und am Ende des Tages müssen sie trotzdem ihre eigenen Entscheidungen treffen. Das ist das Privileg, dass die Freiheit ihnen gibt, und das Resultat davon kann durchaus sein, dass sie damit gegen die Wand fahren. Das ist nicht so wichtig. Wir müssen einfach die Beziehung erhalten, egal was passiert.

Jede Beziehung hat ihre Schwierigkeiten und Tücken, weil wir als Menschen nicht perfekt sind. Wir geben unser Bestes, aber trotzdem werden wir Fehler machen. Selbst wenn wir in die Beziehung zu unseren Kindern investieren, ist es trotzdem noch möglich, dass sie wie ein Drachen vom Wind weggeblasen werden. Es passiert einfach. Es gibt kein fehlerfreies Rezept für Beziehungen. Der Schlüssel liegt darin, dass wir den Fehlern und den harten Zeiten keine Möglichkeit geben, unsere Liebe zu Fall zu bringen.

Liebe gewinnt

Ich habe schon oft gehört, wie Bill Johnson sagte: „Regeln ohne eine Beziehung führen zu Rebellion!“ So viele Eltern ziehen Regeln vor und stellen Gehorsam über Beziehung. Aber die Beziehung muss immer das Wichtigste sein. Wenn sie es nicht ist, werden wir Rebellion ernten. Natürlich heißt diese Priorität von Beziehung nicht, dass es keine Regeln mehr gibt. Wir brauchen Regeln. In den Monaten, die Britts Entscheidung, wegzulaufen, folgten, konnten wir nicht alle Regeln aufgeben, um die Beziehung zu stärken. Sie durfte sich mit dem Jungen treffen, aber es musste unter unseren Bedingungen und in unseren Haus passieren. Wir hatten viele Regeln, aber wir stellten sicher, dass sie wusste, dass uns die Beziehung zu ihr wesentlich wichtiger war als die Regeln. Regeln sind nötig, aber wenn wir *nur* Regeln haben, steuern wir geradewegs auf Rebellion zu.

Wir brauchen zuerst Beziehung und Verbindung miteinander.

In Psalm 32, 8-9 heißt es:

> *„Ich will dich unterweisen und dich lehren den Weg, den du gehen sollst; ich will dir raten, mein Auge ist über dir. Seid nicht wie ein Ross, wie ein Maultier, ohne Verstand; mit Zaum und Zügel ist seine Kraft zu bändigen, sonst nahen sie dir nicht."*

Hier zeigt Gott uns klar, dass Er sich für uns, als Seine Kinder, nicht wünscht, dass wir ein Netzwerk von Regeln und Anweisungen brauchen. Er gab Israel das Gesetz, um ihnen den richtigen Weg zu zeigen, aber Sein Wunsch war von Anfang an Beziehung. Und im Alten Testament sehen wir immer wieder das Muster, dass die Menschen sich gegen ihn auflehnten, wenn sie nicht mit Seinem Herz in Verbindung standen. Er möchte, dass wir Ihm in die Augen sehen. Nicht vom anderen Ende des Raumes in das ärgerliche Du-bist-schon-wieder-in-Schwierigkeiten-Gesicht, sondern in Sein liebevolles Angesicht. Aus diesem Grund heißt es in Römer 2,4: *„...dass die Güte Gottes dich zur Buße leitet?"* (Elberfelder). Er fordert uns auf, Ihm ins Gesicht zu sehen und zu erkennen, wie sehr das, was wir tun, Ihn berührt. Das passiert, wenn wir eine Beziehung aufbauen. Wenn wir uns mit anderen Menschen verbunden fühlen, dann werden sie sich darüber Gedanken machen, inwiefern ihre Entscheidungen uns berühren.

Stacy Westfall, eine Pferdetrainerin und national anerkannte Teilnehmerin auf Turnieren, hat diese Aussage mit dem, was sie mit ihren Pferden erreicht hat, sehr anschaulich unter Beweis gestellt. Sie hat schon vielfach Wettbewerbe gewonnen, wo sie ihre Pferde ganz ohne Sattel und Zaumzeug geritten hat. Sie legt den Pferden noch nicht einmal ein Seil um den Hals. Sie führt sie einfach durch ihre Liebe. Seit frühester Kindheit lernte Stacy von ihrer Mutter, wie Pferde denken und warum sie tun, was sie gerade tun- sie lernte, ihre Gedanken zu lesen.[13]

Durch diese gedankliche Verbindung war sie in der Lage, erstaunliche Dinge zu tun- nicht durch äußere Kontrolle, sondern über die Beziehung. Zum Beispiel würden viele Pferde von sich aus nicht galoppieren, sondern eher traben, was aber für den Reiter unangenehmer ist- besonders ohne Sattel. Stacy bringt ihre Pferde nicht nur dazu, zu galoppieren, sondern sogar soweit, dass sie aus dem vollen Galopp innerhalb von Sekunden auf allen

---

13 Nachzulesen in „About Stacy Westfall", Westfall Horsemanship; www.westfallhorsemanship.com/content/meetus/ (eingestellt am 6.April 2012). Ein Video von Stacy, wie sie auf dem blanken Pferderücken ohne Zäumung reitet, kann man unter www.westfallhorsemanship.com/seus/category/2/ ansehen.

Vieren stehen bleiben- und das ohne Zäumung oder Gebiss. Ihre Pferde laufen auch Achten im Galopp. Das bedeutet für die Pferde, dass sie rechtsherum im Rechtsgalopp mit dem rechten Fuß vorne laufen und bei einem Richtungswechsel auch die Fuß-Folge ändern, und in den Linksgalopp- mit dem linken Bein vorne- springen. Ihre Aufführungen sind eine großartige Darbietung der liebevollen Beziehung zwischen einer Frau und einem Pferd.

Die Art und Weise, wie Stacy Westfall in der Lage ist, ein Pferd ohne Zäumung dazu zu bewegen, etwas zu tun, was es von alleine nicht tun würde, demonstriert die Kraft, die in einer ernst genommenen Beziehung steckt. Unsere Beziehungen werden in der Lage sein, starkem äußerem Druck standzuhalten, wenn wir auf dieser Ebene der Verbindung investiert haben. So wie das Pferd, das ohne externe Kontrolle galoppiert und anhält, werden wir genauso Dinge tun, die wir nicht unbedingt tun möchten. Wir machen es nur, weil wir wissen, welchen Effekt es auf diejenigen hat, die wir lieben. Und sie werden das Gleiche für uns tun, weil unsere Beziehung miteinander unsere höchste Priorität geworden ist.

7. *KAPITEL*

Adam finden

Von April La France

Erinnerst Du Dich an die Geschichte von Dornröschen- dem schönen Mädchen, das dazu verdammt war, auf ihren Prinz zu warten, der sie mit einem Kuss rettete und für immer erlöste? Jahrelang musste sie schlafen- unfähig, sich in ihrem Leben vorwärtszubewegen, gefangen in den Umständen, alle ihre Träume und Hoffnungen in der Warteschleife- so wartete sie auf ihren Prinz.

Klingt das nicht ein bisschen vertraut?

Es scheint, als würden sich nur zu viele von uns mit Dornröschen und ihrer misslichen Lage identifizieren können. Wir tragen den Traum von Hochzeit in unserem Herzen, wir haben alles „richtig" gemacht, und trotzdem scheint es aus irgendwelchen Gründen einfach nicht zu passieren. Wir stecken fest und warten darauf, dass Gott etwas tut, dass endlich ein Mann kommt und an unsere Tür klopft und der Traum beginnen kann. Und es kommen schwierige Fragen auf:

„Herr, ich fühle mich für eine Ehe gemacht, warum ist noch nichts in dieser Richtung passiert? Du hast mich geheilt und befreit und ich bin bereit, mein Leben mit jemandem zu teilen. Ich bin eigentlich schon eine ganze Weile lang bereit. Ist irgendwas mit den Männern in meiner Umgebung nicht in Ordnung? Oder ist etwas mit mir falsch? Vielleicht liegt es an Dir, Gott - gibt es etwas, dass ich getan oder nicht getan habe, was Dir einen Grund gibt, mir meinen Ehepartner vorzuenthalten? Naja, wie auch immer, ich bin so weit, wenn Du es bist. Ich werde einfach hier warten und auf das Klopfen an der Tür lauschen. Bereit sein und warten...“

Viele von uns haben solche Gebete gesprochen. Aber wir müssen erkennen, dass es einen entscheidenden Unterschied zwischen uns und Dornröschen gibt. Sie stand unter einem Fluch, der sie bewegungsunfähig machte und sie davon abhielt, der Liebe, nach der ihr Herz sich sehnte, nachzujagen. Wir aber haben Gott, der uns errettet und erlöst hat, uns einen freien Willen gegeben hat und uns dazu befähigt hat, gute Entscheidungen zu treffen. Es ist Zeit, dass wir aufwachen und anfangen, uns aktiv unserem Traum von Ehe zu nähern, und dass wir entdecken, wie eine Partnerschaft mit Gott auf diesem Weg aussehen könnte.

Die meisten von uns finden es normal ihre anderen Träume - ihre Karriere, unseren Dienst, unsere Hobbys oder anderen Leidenschaften zu verfolgen. Aber wenn es um den Traum von Ehe geht, haben wir die Erwartung, dass Gott es ganz souverän „geschehen lassen" wird. Wir meinen, etwas tatsächlich zu *tun* wäre eine Einmischung in „den Plan".

Stell dir mal einen Moment vor, Gott hätte dir den Traum gegeben, Arzt zu werden und in einem Entwicklungsland für Gesundheit und Gerechtigkeit zu kämpfen. Du würdest wahrscheinlich anfangen einen Plan zu machen. Du würdest verschiedene Universitäten heraussuchen, durch Gebet eine davon auswählen und wenn du angenommen wirst, dein Studium beginnen. Nach ein paar Jahren Studium würdest du ein Praktikum machen, dann deinen Facharzt absolvieren und dich bemühen, Erfahrungen zu sammeln, die dir in den Entwicklungsländern helfen könnten. Die ganze Zeit lang würdest du *mit* Gott zusammen arbeiten, während du strategische Entscheidungen treffen und dich in Richtung deines Traumes bewegen würdest.

Ich würde behaupten, es sollte keinen Unterschied darin geben, wie wir mit Gott zusammen unseren Traum von einer Ehe verfolgen und wie wir mit Ihm irgendeinem anderen Traum nachgehen. Die meisten von uns würden es für verrückt halten, wenn der einzige Plan ein Arzt zu werden, darin bestünde, dass er sich hinsetzt und wartet und betet. Und doch ist das häufig genau das, was wir mit unserem Traum von Ehe tun. Die Idee, *auf den Einen oder die Eine zu warten*, kann sich sehr geistlich und schon fast heldenhaft anhören, aber in der Realität fordern die meisten Dinge im Reich Gottes von uns, etwas zu tun, uns zu bewegen, oder uns Herausforderungen zu stellen.

Wir würden alle am liebsten Gottes Stimme hören, die uns sagt, wen wir heiraten sollen oder hätten gern, dass jemand quasi auf unserer Türschwelle steht und unser Herz im Sturm erobert. Aber es passiert nur selten, dass Gott Sein freies Volk auf diese Art führt. Es ist natürlich möglich, und wir haben alle schon Geschichten darüber gehört. Aber eigentlich ist Gottes Idee von Partnerschaft, dass wir mit Ihm in unserer Entscheidungsfindung zusammenarbeiten und Er von uns erwartet, aktive Schritte in Richtung der Dinge zu unternehmen, die Er uns anbietet.

Ich glaube, es ist Gottes Absicht, den Wunsch nach Ehe, den Er in unsere Herzen gepflanzt hat, auch zu erfüllen. Es ist nur so, dass Er uns die Verantwortung für den Erfolg gibt - was bedeutet, dass wir grundsätzlich alle dazu gemacht wurden, eine Liebesgeschichte zu leben. Die Frage ist, wie könnte es aussehen, mit Gott zusammen deiner Liebesgeschichte nachzugehen, die Er für dich hat? Jeder begibt sich zwar auf seine eigene Reise, aber es gibt definitiv ein paar praktische Schritte, die du tun kannst, um *mit* Gott diesem Traum nachzujagen.

Wir werden uns ein paar Dinge ansehen. Gesunde Partnersuche, wo die Männer sind und wie man mit einem potentiellen Partner spricht, was ich gerne „GGF“[14] nenne.

Partnersuche

Als erstes müssen wir lernen, wie gesunde Partnersuche aussieht. In der christlichen Gemeinschaft hängen dem

14 GGF ist die Abkürzung für „good girl flirting“ und bedeutet so viel wie: „Flirten für brave Mädchen“

Wort „Partnersuche“ viele verschiedene Bedeutungen an, und dazu kommen die eigenen persönlichen Erfahrungen, die entweder ein glückliches romantisches Bild hervorrufen, oder Angst und Schrecken! Partnersuche ist jedenfalls nicht, dass wir alles Gott überlassen, oder dass wir die Dinge komplett in unsere eigene Hand nehmen, und definitiv nicht, dass wir uns der Hoffnungslosigkeit hingeben. Wenn du dich in deiner jetzigen Situation bereit fühlst, eine Beziehung fürs Leben aufzubauen, dann wäre es ein gesunder Schritt, mit jemandem Zeit zu verbringen, um den Mann zu finden, den du heiraten möchtest. Ich rede nicht darüber, einen Freizeitpartner zu finden, den du triffst, weil er einfach nett und lustig ist und dir ein gutes Gefühl gibt. Du solltest dich schon ganz gezielt mit dem Ziel treffen, jemanden zu finden, mit dem du dein Leben teilen willst.

Ein Treffen ist noch keine Partnersuche

Zu einem Treffen zu gehen ist nicht dasselbe, wie ein „Partnersuche-Treffen“. Ein „Kennlern-Treffen“ unterliegt keinem besonderen Druck und es ist vollkommen vernünftig, wenn du am Ende entscheidest, dass du nicht daran interessiert bist, noch mal zusammen auszugehen. Sich mit jemandem zu treffen ist wirklich nur eine Möglichkeit, die wir beschreiben, um mit jemandem qualitativ wertvolle Zeit zu verbringen. Vielleicht trefft Ihr euch zum Kaffeetrinken oder zum Abendessen oder unternehmt etwas zusammen. Man geht noch keine Verpflichtungen ein, wenn man sich mit jemandem trifft. Und wenn einer von euch am Ende entscheidet, dass es überhaupt nicht passt, dann bedeutet das auch nicht, dass der andere einen ganz furchtbaren Fehler gemacht hat. Bedenke einfach: Es ist fast unmöglich, zu wissen, ob jemand zu dir oder deiner Lebensvision passt, bevor du Zeit mit ihm verbracht hast. Deshalb ist es einfach ein notwendiger Teil des Prozesses, ihn durch ein oder zwei Treffen erst einmal kennen zu lernen.

Ein gesundes Treffen

Im ersten Timotheus-Brief, Kapitel 5, leitet Paulus die Männer an, wie sie mit jungen Frauen umgehen sollen. Er sagt, sie seien aus der Perspektive der Reinheit zu behandeln, so als seien es ihre Schwestern. Ich denke, dieses Konzept kann man auch auf den Beginn der Partnersuche übertragen. Brüder und Schwestern können zusammen Kaffee trinken, Essen, miteinander reden und die Gemeinschaft des anderen einfach genießen. Die beste Grundlage für eine romantische Beziehung ist und bleibt Freundschaft. Wir können unsere Herzen davor bewahren, sich zu verrennen und unnötige Dramen heraufzubeschwören, indem wir uns diese brüderliche oder freundschaftliche Perspektive vor Augen halten, wenn wir anfangen, eine neue Beziehung zu bauen.

Die meisten Männer werden bestätigen, dass der Beginn der Partnersuche wesentlich besser funktioniert, je weniger Druck die Frauen ausüben. Männer haben wirklich manchmal Angst vor dem Druck der Frauen (ein Beispiel dafür wäre, dass du annimmst, er wolle dich heiraten, nur weil er dich zum Kaffee eingeladen hat). Es ist deine Verantwortung, dein Herz und die Erwartungen, die du an ein Treffen hast, im Griff zu halten und zu begreifen, dass dein Gegenüber einfach herausfinden möchte, mit wem er es zu tun hat und das nach einem einzigen Treffen noch nicht ganz weiß. Du musst in der Lage sein, am Ende des Treffens zu dir selbst sagen zu können: „Ich werde ihm die Freiheit geben, zu entscheiden, ob er diese Beziehung vertiefen möchte oder nicht und ich werden ihn weiterhin respektieren, auch wenn er sich dagegen entscheidet!"

Dating (im erweiterten Sinn)

Wir nehmen einmal an, du hast dich schon mehrfach mit jemandem getroffen und ihr habt einige Zeit miteinander verbracht. Ihr entscheidet beide, dass eure Beziehung Potential hat, sich in Richtung einer Ehe zu entwickeln. Nun ist der Punkt gekommen, wo ihr eure Beziehung als „Dating" bezeichnen könnt. Einfach gesagt meint Dating, dass zwei Menschen sich entscheiden, ihre Freundschaft im Hinblick auf eine Ehe zu vertiefen, während sie trotzdem weiterhin dem Drang widerstehen, sich so zu verhalten, als seien sie schon verheiratet. Diesem Drang nicht stattzugeben kann sehr schwierig sein, vor allem wenn ihr euch über einen längeren Zeitraum trefft. In Wahrheit gehört die Person, mit der du dich triffst, nicht dir! Es ist möglich, dass er am Ende einer anderen gehören wird und das solltest du im Hinterkopf behalten.

Bitte um Weisheit

Gesundes Dating fragt nach Weisheit und Rückmeldung. Bete über potentiellen Partnern und lade

Gott mit Seiner Gegenwart zu all deinen Treffen und Beziehungen ein. Es ist auch wichtig, Freunde, Leiter und Menschen, denen man vertraut, um eine Einschätzung zu bitten. Stelle Fragen wie: „Was hältst du von diesen Mann?“ und „Was denkst du über unsere Beziehung? Meinst du, wir passen zusammen?“ In Sprüche 11,14 steht: „*Wo es an Führung fehlt, kommt ein Volk zu Fall, doch kommt Rettung durch viele Ratgeber.*“ Es ist so wertvoll, auf den Einblick und das Urteilsvermögen anderer zurückgreifen zu können und es macht den Prozess des Datings wesentlich sicherer und gesünder.

Wo die Männer sind

Hier ist ein Fakt, der Dich schocken könnte: Erhebungen ergaben, dass es mehr christliche Single - Männer als Single - Frauen gibt, die niemals geheiratet haben.[15] Was vielleicht ein bisschen weniger erstaunlich ist, ist dass es mehr Frauen als Männer gibt, die eine Gemeinde besuchen.[16] Daran können wir sehen, dass es einige gute christliche Männer da draußen gibt, wir müssen sie nur finden. Es ist Zeit zu lernen, aus seinem Versteck hervorzukommen.

Geh dahin, wo die Männer sind

Wenn du in deinem normalen Lebensalltag nicht regelmäßig auf vielversprechende Männer triffst, dann ziehe in Erwägung, dorthin zu gehen, wo die Männer sind.

15 Candace Watters, „Plenty of Men to Go Around, Part 1“, Boundless (August 2006), http://www.boundless.ord/2005/articles/a0001325.cfm (eingestellt am 3. Mai 2012).

16 Ibid.

Eine effektive Methode, um mehr Männer kennenzulernen, ist, an einem fortlaufenden Kurs oder einer Aktivität teilzunehmen, die dich interessiert und wo *viele Männer* mit dabei sind. Du solltest vielleicht nicht gerade ins Männerfrühstück Eurer Gemeinde hineinplatzen, aber ein Kurs, wie man im Königreich Geschäfte macht, eine Wandergruppe oder ein Freiwilligentreffen für eine Organisation wie „Habitat for Humanity“[17], sind gute Möglichkeiten, neue Männer zu treffen. Und vergiss nicht das Golfen! Ein Golfkurs hat viel Potential für qualitative Kennenlern-Zeit und in der Regel gibt es auf dem Golfplatz mehr Männer als Frauen. Alles, was du tun musst, ist Golfspielen zu lernen und dann kannst Du dich nach Gemeinden umsehen, die regelmäßig Golfturniere abhalten!

NIMM HILFE VON FREUNDEN IN ANSPRUCH

Du möchtest einen guten Mann finden? Verkünde das deinen Freunden. Lass die Leute wissen, was du möchtest und beziehe ihre Hilfe mit ein. Alles, was du sagen musst, ist: „Ich möchte einen tollen Mann heiraten. Kennst du da jemanden in meinem Alter? Meinst du, du könntest uns einander vorstellen?“. Du wirst wahrscheinlich herausfinden, dass deine verheirateten Freunde begeistert davon sein werden und erklären, dass sie dich schon seit Jahren verkuppeln wollten! Jetzt kommt das Kleingedruckte: Weihe nicht alles und jeden mit ein! Such dir einfach eine

---

17 “Habitat for Humanity” ist eine international christliche Hilfsorganisation, die sich dafür einsetzt, dass Menschen in einem angemessenen Zuhause leben können

Handvoll Freunde aus, denen du vertraust und bei denen du dir sicher sein kannst, dass sie es mit dir durchziehen.

Nutze deine Möglichkeiten

Wenn du noch nicht online auf Partnersuche gehst, dann würde ich dir ans Herz legen, damit anzufangen. Recherchen belegen, dass inzwischen eine von fünf Beziehungen im Internet beginnt.[18] Ich kann nur empfehlen, sich bei einem der gängigen seriösen Internet-Partnerportale anzumelden oder zumindest bei einer speziellen Seite für geisterfüllte Christen. Unsere Partnersuche- Webseite, www.OnDaySix.com, wurde extra dafür erstellt, seriöse Singles zusammenzuführen, die auf das Reich Gottes ausgerichtet sind. OnDaySix bietet auch sehr gutes Video-Lehrmaterial online an, um dir zu zeigen, wie man einen Partner am besten auswählt und ihn lieben lernt. Wenn du so etwas online noch nie gemacht hast, dann frage eine Freundin, ob sie dir helfen kann. Es macht mehr Spaß und kann dir helfen, ein Bild von dem Mann zu entwickeln, den du vielleicht vorher hast vorbeiziehen lassen.

Flirten für brave Mädchen (GGF)

Was machst du, wenn du einen netten Mann triffst? Viele Single-Frauen könnten Bücher damit füllen, wie sie die Männer, die sie interessierten, eiskalt behandelt und

---

18 "Match.com and Chadwick Martin Bailey 2009-2010 Studies: Recent Trends: Online Dating" *Match.com* und *Chadwick Martin Bailey;* http://cp.match.com/cppp/media/CMB_Study.pdf (aufgerufen am 3. Mai 2012).

ignoriert haben. Sobald der Mann in der Nähe war, taten sie gerade sehr beschäftigt oder wichen ihrer Mädels-Clique nicht von der Seite, die ihnen „Schutz“ bot. Dann wundern sie sich, warum keiner sie fragt, ob sie mit ihm ausgehen würden. Du musst schon lernen, einem Mann „ok“-Signale zu geben, und zu zeigen, dass du offen, freundlich, warmherzig und potenziell interessiert bist, mit ihm auszugehen. Es ist Zeit, die kunstvolle Fähigkeit zu erlernen, die ich „Flirten für brave Mädchen“ nenne! Das ist kein Flirten, um dein Selbstwertgefühl aufzuwerten, Aufmerksamkeit zu bekommen oder herauszufinden, wie viel Macht du hast, einen Mann zum „Anbeißen“ zu bewegen. Du sollst einfach eine Atmosphäre schaffen, in der sich ein Mann sicher sein kann, dass du ihm auf eine freundliche und offene Art antworten wirst.

Hier sind einige Tipps:

Stelle Augenkontakt her und lächle ihn an. Das mag offensichtlich sein, aber einige scheinen Augenkontakt genau dann zu vermeiden, wenn ein Mann auch nur einen Anflug von Potential zeigt. Alles, was du tun musst, ist, ihn anzusehen. Dann siehst du wieder weg, und dann guckst du wieder zu ihm zurück. Dann siehst du weg, und schaust ihn wieder an. Wenn er dich immer noch ansieht, dann ist das ein wirklich gutes Zeichen! Offene, freundliche Menschen sind die Leute, die häufig Blickkontakt herstellen und lächeln.

Hallo, wie heißt Du? Männer haben wesentlich mehr Angst, uns einzuladen, als wir denken. Also warum nicht einfach „Hallo“ sagen, nach seinem Namen fragen und freundlich sein. Das ist nicht aggressiv und sollte nicht damit verwechselt werden, dass du ihm nachstellst. Du bist einfach freundlich. Es liegt immer noch an ihm, dich einzuladen, wenn er Interesse hat.

Berühre ihn am Arm. Für viele Männer ist Berührung ein Zeichen von Zuneigung. Ich spiele hier nicht auf sexuelle Berührungen an, ich rede einfach über unschuldigen Körperkontakt. Eine Berührung am Arm, während du mit ihm redest oder eine Sache betonst ist ein perfekter Weg, ihm zu zeigen, dass du ihn magst und dich für ihn interessierst.

Würdige seine Stärken. Bestätige und respektiere ihn, indem du ihm sagst, was du an ihm gut findest. Das muss nicht komisch sein, sondern kann einfach ganz natürlich in die Unterhaltung mit einfließen. Wenn er dir Geschichten von der Jagd erzählt und sagt: „Ich habe einen 12-Ender Bock geschossen", dann kannst du antworten: „Wow, du musst ziemlich treffsicher sein!" Indem du das tust, zeigst du ihm, dass du ihm zuhörst und seine Stärken anerkennst.

Spreche seinen Namen aus. Wenn man jemanden mit Namen anspricht, dann fühlt der andere sich bekannt und gemocht. Also denk daran, ihn während der Unterhaltung mit Namen zu erwähnen.

Bitte wegen irgendetwas um Hilfe. Handle nicht hilflos, sondern bitte um Hilfe. Männer mögen das Gefühl, gebraucht zu werden und sie schätzen es, etwas anbieten zu können. Überlege dir, wobei du Hilfe gebrauchen könntest und schaffe eine Möglichkeit für ihn, ein Held zu sein!

Stelle offene Fragen. Vermeide Fragen, die mit „ja“ oder „nein“ beantwortet werden können. Stelle die Fragen stattdessen so, dass es ihm möglich ist, mitzuteilen, wer er ist, und die Unterhaltung auszubauen. „Was denkst du darüber…?“ „Was würdest du gerne tun…?“ und so weiter.

Ziehe dich sittsam an. Bleibe zurückhaltend in deinem Kleidungsstil. Männer werden schnell abgelenkt und können sich nicht gut auf ihre Tätigkeit konzentrieren, wenn du zu viel zur Schau stellst.

Jetzt fragst du dich vielleicht: *Darf ich auch einfach Ich selbst sein? Wozu brauche ich Techniken, um einen Mann anzulocken?* Ich denke, manchmal ist es einfach nicht genug, einfach authentisch man selbst zu sein. Um in der Partnersuche und sogar bei Freundschaften erfolgreich zu sein, musst du dir darüber Gedanken machen, wie andere dich sehen. Kommunikation geschieht auf zwei Wegen. Es geht nicht nur darum, was du von dir kommunizierst - ein großer Teil ist, wie es verstanden wird. Dein Vorhaben, etwas zu sagen oder zu tun kann toll sein, aber wenn Männer es anders interpretieren, dann ist es wahrscheinlich an der Zeit, die Art, wie du Dinge tust, ein wenig anzupassen. Zum Beispiel könnte man Freunde um eine Einschätzung bitten. Frage sie, wie du die Dinge ihrer Meinung nach tust und wie die Männer in deiner Umgebung dich sehen - dann sei bitte offen dafür, Dein Verhalten zu verändern.

Ich möchte noch eine wichtige Grenze erwähnen zwischen einer warmen und freundlichen Annäherung hin zu einer Beziehung und einer aggressiven Jagd auf einen Ehemann. Da ist ein großer Unterschied. John

Calvin hat einmal gesagt: „Das Böse an unseren Wünschen liegt normalerweise nicht darin, was wir wollen, sondern daran, dass wir zu viel wollen.“[19] Die Ehe ist eine gute Einrichtung. Die Meisten von uns haben diesen Wunsch von Gott bekommen, aber dieses Verlangen sollte nicht den obersten Rang in unserem Herzen einnehmen, nicht vor Gott und anderen Menschen. Frage dich ehrlich, ob du jemanden respektierst, der an dir als Partnerin nicht näher interessiert ist. Du solltest in der Lage sein, die Interessen des Anderen stehenzulassen und ihn zu segnen, auch wenn er dir den Rücken kehrt. Du kannst auch ein paar Freunde um Rückmeldung bitten, um sicherzugehen, dass du nicht überall herumposaunt hast, dass du auf der Suche nach einem Mann bist. Wenn du dem zu sehr nachjagst, bitte Gott, dir dabei zu helfen, eine gesunde Balance für deine Hoffnungen zu finden!

WAS HÄLT DICH NOCH AB?

Für viele ist die größte Hürde vor der Entdeckungsreise nach potentiellen Beziehungen schlicht und ergreifend Angst. Angst davor, den „falschen“ Mann zu treffen. Angst, Gottes Pläne durcheinander zu bringen. Angst, eine schlechte Entscheidung zu treffen. Angst davor, am Ende mit zerbrochenem Herzen dazustehen. Aber die Sache ist: Du gehst nicht alleine auf die Reise! Du hast Zugang zu der ganzen Weisheit des Heiligen Geistes bekommen und du gehst in jedem Bereich deines Lebens mit Gott.

---

19 John Calvin, Zitat aus C.J. Mahaney, "The Idol Factory," *ChristianLibrary.org* (Sovereign Grace Ministries, 2001); http://christianlibrary.org.au/cel/documents/Idol%20Factory%20-%20C%20J%20Mahanoney.pdf (aufgerufen am 3. Mai 2012).

Ja, es gibt Risiken, wenn man seinen Träumen nachgeht, aber manche Dinge im Leben sind es einfach wert, ein Risiko einzugehen. Und Liebe gehört dazu! Eine lebenslange Partnerschaft mit jemandem, den du wirklich liebst, kann alles andere in den Schatten stellen. Sie ist es wert, darum zu kämpfen! Sie ist es wert, mutig zu sein! Sie ist es wert, deinen Ängsten kühn entgegenzublicken, um mit Gott zusammen an einer Beziehung zu arbeiten!

Ich möchte dich ermutigen, mit Gott vorwärts zu gehen, um eine großartige Ehebeziehung zu finden und aufzubauen. Sei weise und mutig! Gott kann dich über alle Maßen wiederherstellen, dich leiten und lehren, wenn du mit Ihm zusammenarbeitest, damit sich deine gottgegebenen Träume erfüllen. Ja, es ist immer noch ein Risiko. Aber der weit größere Verlust wäre, wenn du der Angst den Sieg einräumst, indem du schlafend im Schloss bleibst und auf deinen Erretter wartest! Es ist wahr - Dein Erretter hat dich bereits freigesetzt!

Geschaffen, um Teil einer Liebesgeschichte zu sein

Vor ein paar Jahren hat Gott mir eine Vision aufs Herz gelegt. Er gab mir einen Eindruck davon, wie es sein würde, eine Generation mit den gesündesten Ehen zu sehen, die es jemals auf diesem Planeten gegeben hat. Ich sah Paare, die kraftvoll mit Gott zusammen lebten, um das himmlische Königreich voranzubringen - leidenschaftliche Lobpreiser, die einander wirklich *liebten*. Ich habe eine Vision einer Generation von Paaren, die die Güte Gottes widerspiegeln und bekannt sind für ihre bemerkenswerte

Liebe. Die Kraft und der Einfluss dieser Generation von christlichen Ehen wird mit Sicherheit die Geschichte verändern und die Erde in Erstaunen versetzen über Seine Herrlichkeit.

Ich lade Dich ein, diese Art von Ehe zu entdecken. Eine Ehe, die die absolute Güte Gottes und die Kraft der einander versprochenen Liebe reflektiert. Eine Ehe, die Wiederherstellung für Gottes ursprüngliche Absicht von Ehe bringt. Jetzt ist der richtige Zeitpunkt, um Gott zu bitten, uns Seine Wahrheit und Vision in unsere jeweilige Situation zu geben. Es ist Zeit, Enttäuschungen, offene Fragen und den Schmerz der Vergangenheit abzulegen und dem Heiligen Geist zu erlauben, uns mit Hoffnung und einer freudigen Erwartung für die vor uns liegenden, guten Dinge zu füllen. Fange an, diese Werkzeuge zu benutzen, lasse deine Angst los und arbeite mit Gott zusammen an der Erfüllung deines Ehetraumes! Ich glaube mit dir zusammen, dass du deinen Weg gehst - hinein in deine eigene reale Lebens-Liebesgeschichte!

8. KAPITEL

STÖRUNGEN DES GEMÜTSZUSTANDES ÜBERWINDEN

Von Julie Winter

Als Familientherapeutin behandle ich mindestens drei Patienten täglich wegen innerer Unruhe oder Depressionen - viele von ihnen sind Christen. Es gibt zahlreiche Gründe für Störungen des Gemütszustandes und mit Sicherheit spielt der Stress in unserer Gesellschaft eine bedeutende Rolle dabei. Doch Christus lebt in uns und wir haben Zugang zu Seinen Gedanken. Und da Seine Gedanken voller Friede, Glaube, Freude und Liebe sind, sollte das auch auf unsere Gedanken zutreffen. Ich glaube, der normale emotionale Zustand eines Gläubigen ist Friede und Freude. Wenn wir besorgt, traurig, ängstlich, zweifelnd, wütend oder hoffnungslos sind, können wir Jesus nicht wirklich durch unser Leben repräsentieren.

Für viele wird der Christus, der in uns lebt, der einzige Christus sein, den die Welt sieht. Deshalb ist es wichtig, dass wir der Welt zeigen, wie erneuertes Denken aussieht. Der Sinn dieses Kapitel ist, einige der Ursachen von Gemütsstörungen zu umreißen und praktische Hilfsmittel aufzuzeigen, um innere Unruhen und Depressionen zu überwinden und unsere Gedanken zu erneuern.

Störungen des Gemützustandes

Angststörungen betreffen ungefähr drei bis vier Prozent der Bevölkerung und kommen bei Frauen doppelt so häufig vor wie bei Männern. Die Symptome beinhalten Reizbarkeit, Schlafstörungen, muskuläre Verspannungen, Unruhezustände, Erschöpfung und Konzentrationsschwierigkeiten. Angst ist die Antwort des Körpers auf eine gefühlte Bedrohung, die sich in einer Adrenalinausschüttung des Amygdalas[20] äußert. Das ist Teil der Kampf-oder-Flucht- Reaktion, mittels derer wir gefährliche oder stressige Situationen bewältigen. Das Gehirn ist jedoch nicht fähig, zwischen einer *realen* und *fiktiven* Bedrohung zu unterscheiden. Deshalb können negative Gedankenmuster (also eine Unfähigkeit, unsere Gedanken zu steuern) chronische Ausschüttungen von Adrenalin und Kortisol bewirken, was wiederum die Balance der Neurotransmitter (chemische Bestandteile des Gehirns) im Gehirn durcheinander bringt.

Depression definiert sich durch ständige oder wiederkehrende Gefühle von Traurigkeit oder Hoffnungslosig-

---

20 Das Amygdala, oder "Mandelkern", ist ein Teilbereich des Gehirns, der unter anderem mit verantwortlich ist für die Entstehung des Angstgefühls

keit, den Verlust der Fähigkeit, Freude zu empfingen und einen reduzierte Leistung. Häufig assoziiert man auch ein niedriges Selbstwertgefühl damit. Das durchschnittliche Risiko, während seiner Lebenszeit eine Depression zu entwickeln, liegt bei acht bis zwölf Prozent, während es bei Frauen doppelt so häufig vorkommt wie bei Männern. Depression ist ein Risikofaktor im Hinblick auf den Gesundheitszustand, und depressive Menschen haben eine kürzere Lebenserwartung als der Rest der Bevölkerung.

Außerdem hat man heraus gefunden, dass Menschen, die unter einer Depression leiden, gestörte Neurotransmitter haben, die als sehr wichtige chemische Bestandteile des Gehirns dafür zuständig sind, dass die Neuronen im Gehirn miteinander kommunizieren.

Körper, Geist und Seele

Obwohl Angst und Depression separat zu sehen sind, leiden viele Menschen unter beidem. Chronische Ängste können zu einer Depression führen und Menschen, die depressiv sind, können Angststörungen entwickeln. Auch wenn wir Störungen des Gemütszustandes für psychologische oder geistliche Zustände halten, sind wir in Wahrheit dreieinige Wesen. Wir sind Körper, Geist und Seele und wir „denken" in jedem dieser drei Bereiche. Wenn ich einen Patienten mit einem solchen Problem habe, dann versuche ich als erstes, die Ursache herauszufinden. Angst und Depression können physische Gründe haben, ausgelöst durch hormoneller Störungen oder Störungen des Stoffwechsels. Auf der anderen Seite können auch ein dysfunktionaler Familienhintergrund oder Missbrauch psychologische Ursachen für eine wiederkehrende Depression sein. Schließlich gibt es noch chronische Sündenmuster, die ein Einfallstor für dämonische Belastung sind, was wiederum auch Einfluss auf die Stimmung hat. Diese drei Bereiche sind eng miteinander verbunden und Krankheit in einem von ihnen - besonders, wenn sie über einen längeren Zeitraum besteht- wird oft auch die anderen Bereiche beeinträchtigen.

Ich möchte vor allem klarstellen, dass das Gehirn ein sehr komplexes physisches Organ ist, was genauso anfällig für Krankheiten ist, wie andere Organe unseres Körpers. Chemische oder hormonelle Ungleichgewichte, schlechte körperliche Verfassung oder Verletzungen des Gehirns, können auf direktem Wege Störungen des Gemütszustandes hervorrufen. In solchen Situationen ist nach Möglichkeit eine Wiederherstellung des Gleichgewichtes oder eine medikamentöse Versorgung das Mittel der Wahl. Ich erlebe immer wieder, dass Christen eine Abneigung gegen Medikamente für Depression oder Angst haben, was ziemlich unglücklich enden kann. Ich habe so viele Menschen gesehen, die ihr altes Leben wieder zurückbekommen haben, nachdem sie Medikamente genommen haben, die die Neurotransmitter wieder ins Gleichgewicht gebracht haben.

Kannst du dir vorstellen, dass du einer Frau in deiner Gemeinde, die Diabetikerin ist, erzählen würdest, dass sie einfach nur mehr Zeit mit Gott verbringen müsste, mehr beten sollte und bestimmte Bibelstellen glauben müsste, dann bräuchte sie kein Insulin mehr nehmen? Das würden wir nicht tun, weil wir wissen, dass Diabetes eine körperliche Krankheit ist, die durch eine reduzierte Insulinbildung in der Pankreas ausgelöst wird. Genau das Gleiche finden wir bei einigen Menschen mit Gemütszustandsstörungen. Das Gehirn ist ein Organ, das genauso Verletzungen oder chemischen und hormonellen Störungen unterworfen ist, die Angst oder Depression hervorrufen können. Unter Umständen können Medikamente sehr hilfreich sein, die zugrundeliegenden Ungleichgewichte der Neurotransmitter zu korrigieren, damit das Gehirn wieder normal arbeiten kann.

In anderen Situationen wären eine Veränderung der Lebensumstände, Seelsorge, Gebet, Meditation und eine Erneuerung der Gedanken eine bessere Wahl. Ich kann nur empfehlen eine gründliche körperliche Untersuchung und Labortests machen zu lassen, um mögliche körperliche Ursachen für vorliegende dauerhafte Störungen des Gemütszustandes ausschließen zu können.

Ich möchte noch hinzufügen, dass Angst die Sünde des Unglaubens ist - wahrscheinlich die am meisten verbreitete und akzeptierte Sünde in den Gemeinden. Ich denke, wenn wir ehrlich sind, haben wir alle Probleme mit verschieden stark ausgeprägtem Unglauben in bestimmten Bereichen unseres Lebens- einige mehr als andere. Aber Sorge ist Angst, und Jesus selbst sagte uns, dass wir uns nicht sorgen sollen. Paulus schreibt: *„Seid um nichts besorgt…“* (Phil. 4,6, Elberfelder). Das Entscheidende ist, dass wir mit unseren Sorgen ausdrücken, dass wir nicht daran glauben, dass Gott gut ist oder er sich für uns einsetzt.

Woraus besteht ein Gedanke?

Wusstest du, dass jeder Gedanke mit einer entsprechenden elektro-chemischen Reaktion deines Gehirns einhergeht? Wenn du denkst, strömen kraftvolle Chemikalien durch deinen Körper, die entweder einen positiven oder einen negativen Effekt haben. Wenn du ein bestimmtes „Gefühl" hast, dann solltest du wissen, dass das Gefühl von deinen Gedanken erzeugt wurde. Du kannst deine Gefühle nicht immer kontrollieren, wohl aber deine Gedanken. Deshalb sagt Paulus:

> *„So zerstören wir überspitzte Gedankengebäude und jede Höhe, die sich gegen die Erkenntnis Gottes erhebt, und nehmen jeden Gedanken gefangen unter den Gehorsam Christi" (2. Kor. 10,5, Elberfelder)*

Ich finde die Vorstellung hilfreich, dass unsere Gedanken wie Früchte an einem Baum wachsen. Freude und Friede sind die Früchte, die am Baum des Glaubens an die Güte Gottes wachsen. Wenn wir unabhängig von unseren Umständen glauben, dass Gott treu ist, dann haben wir Zugang zu den Früchten der Freude und des Friedens. Wenn allerdings in unseren Gedanken der Baum des Unglaubens gedeiht, dann werden wir die Früchte der Angst, Hoffnungslosigkeit und andere negative Emotionen ernten.

Die meisten Menschen nehmen ihre Gedanken nicht bewusst wahr. In anderen Worten, ungefähr 85 Prozent von dem, was wir denken, läuft in unserem Unterbewusstsein ab und das ist genau das, was wir gefangen nehmen sollen. Wenn wir voll Unruhe oder depressiv sind, dann gibt es unterschwellige Denkmuster, die diese Gefühle oder „Frucht" in uns erzeugen. Wenn wir bewusst unser Denken ändern, kann sich das am Anfang ziemlich komisch anfühlen und wir werden vielleicht über mehrere Stunden lang nichts Positives fühlen. Das liegt daran, dass wir durch unser Negativ-Denken eine Kaskade von Adrenalin, Kortisol und anderen negativen Chemikalien lostreten. In diesem Fall müssen wir es einfach aussitzen. Wenn wir auf positive Weise denken, dann werden die guten Gedanken positive Chemikalien erzeugen, die wiederum andere Neurotransmitter aktivieren, die uns ein gutes Gefühl geben werden. Es kann sein, dass es einfach ein bisschen Zeit braucht, um jenen Ablauf zu stoppen und den anderen anlaufen zu lassen.

Eine andere Sache, die ich hier noch erwähnen möchte ist, dass wir daran glauben müssen, dass etwas wahr ist, um emotionalen Nutzen aus dieser Wahrheit zu ziehen. Das mag offensichtig scheinen, aber ich haben schon viele Christen kennengelernt, die ganze Passagen aus der Bibel über die Treue Gotte auswendig konnten, aber immer noch voller Unglaube waren. In meinem Büro war ein Mann, der den ganzen Psalm 91 unter Tränen herunterrattern konnte, während er mir seine Ängste und sein Gefühl der Gott–Ferne beschrieb. Er reicht nicht, die Wahrheit einfach nur zu wissen - wir müssen auch glauben, dass sie für uns persönlich gilt.

Letztlich müssen wir unsere Gedanken bewusst durchforschen und sie prüfen. Wir müssen uns fragen: „Was ist der Ursprung dieses Gedankens? Ist er in Übereinstimmung mit dem, was Gott sagt? Was ist die Motivation dahinter? Ist es Liebe?" Erster Johannes 4, 1-18 beschreibt, wie wir unter den subtilen Einfluss eines bösen Geistes kommen und wie vollkommene Liebe die Furcht austreibt. Ich denke, der Feind kommt oft mit wahren Aussagen zu uns, die aber durch Anklage pervertiert sind. Wir akzeptieren diese Anschuldigungen gegen uns als gerechtfertigt und verdient und erkennen ihre Quelle nicht. Genaugenommen scheinen diese Gedanken wahr, aber der Geist hinter diesen Gedanken ist Bestrafung. Wenn wir Verdammnis durch unsere Gedanken spüren, dann kommen sie nicht vom Heiligen Geist.

> *„Also gibt es jetzt keine Verdammnis für die, die in Christus Jesus sind. Denn das Gesetz des Geistes des Lebens in Christus Jesus hat dich frei gemacht von dem Gesetz der Sünde und des Todes." (Röm. 8, 1-2, Elberfelder)*

Der Heilige Geist korrigiert uns, aber Er tut es auf eine Weise, dass wir uns nicht schmutzig, ängstlich oder bestraft fühlen müssen. Diese Art von Gefühlen kommt vom Feind. Daher ist der Ursprung unserer Gedanken so entscheidend- dessen müssen wir uns ständig bewusst sein und darauf aufpassen. Unser Feind ist sehr irreführend und in der Regel ist immer ein Stückchen Wahrheit an dem, was er uns einflüstert. Der Teufel hat Jesus in der Wüste sogar mit Bibelstellen versucht. Er hat sie aus dem Zusammenhang gerissen und für seine Zwecke benutzt. Wahrheit, die aus dem Zusammenhang gerissen wurde, ist keine Wahrheit mehr.

Zusammengefasst kann man sagen, dass viele Menschen sowohl unter Ängsten als auch an Depression leiden, und die Ursache der Gemütszustandsstörungen kann man im Körper, unseren Gedanken oder unserem Geist finden. Zu jedem unserer Gedanken gehört eine entsprechende chemische Reaktion, und unsere Gedanken erzeugen die Gefühle, weshalb wir sie gefangen nehmen sollen. Es ist auch nicht damit getan, die Wahrheit zu kennen, sondern wir müssen sie glauben, damit sie sich emotional positiv auf unser Leben auswirkt. Schließlich kommen nicht alle unsere Gedanken von uns selbst. Es ist wichtig, den Ursprung der Gedanken zu ergründen. Wenn wir Gefühle der Angst oder der Bestrafung in unseren Gedanken erkennen, dann sollten wir in Erwägung ziehen, dass sie möglicherweise einer schlechten Quelle entsprungen sein könnten.

Im letzten Teil dieses Kapitels möchte ich einige Punkte besprechen, die uns helfen könnten, Ängste und Depressionen zu überwinden.[21]

Vergebung

Die Weigerung, jemandem für eine vergangene oder sogar andauernde Verletzung zu vergeben, wird automatisch zu Bitterkeit führen. Bitterkeit ist wie ein starker Wein, der uns zu Kopfe steigt und den Baum des Glaubens, den

21 Hierzu möchte ich folgendes Buch empfehlen: *Anxiety, Phobias and Panic: A Step-by-Step Program for Regaining Control of Your Life,* von Reneau Peurifoy. Diese Punkte sind praktisch und am hilfreichsten, wenn man sie zusammen umsetzt. Wenn sie dir schwierig oder fremd vorkommen, dann fange einfach mit einem an und baue darauf auf, anstatt zu versuchen, sie alle gleichzeitig anzugehen.

ich oben erwähnt habe, erdrückt. Die Früchte der Bitterkeit sind Hass, Zorn, Missgunst, Verurteilung und andere negative Gefühle, die schädliche Chemikalien im Gehirn freisetzen, welche den Zugang zu Gefühlen wie Freude und Friede versperren. Bitterkeit ist für unsere Gedanken wie ein Geschwür, das die Macht über unser Denken und unsere Gefühle ergreift. Wir öffnen uns immer dann für Bitterkeit, wenn wir angegriffen oder gekränkt werden, deshalb ist es wichtig, möglichst schnell zu vergeben.

Darum sagt die Bibel, wir sollen die Sonne nicht untergehen lassen über unserem Zorn (siehe Eph. 4,26). Genauso sind wir im Vaterunser angewiesen, denen zu vergeben, die gegen uns gesündigt haben (siehe Matt. 6,12). Der Zeitfaktor spielt bei Vergebung eine große Rolle. Sie ist das Desinfektionsmittel, dass Bitterkeit davon abhält, bei uns Fuß zu fassen, und sogar noch kraftvoller: Sie kann zum Antibiotikum werden, das die Bitterkeit abtötet, wenn sie uns infizieren will. Allerdings kann Bitterkeit viel Schaden anrichten, wenn wir ihr erlauben, eine Zeitlang bei uns Wurzeln zu schlagen. Menschen, die ihr Leben in Bitterkeit verbringen, sehen die Welt durch eine sehr verzerrte Brille und sind mit ihrem Dasein unglücklich.

Vergebung ist oft schwierig. Die Anschuldigungen mögen sehr wohl gerechtfertigt sein. Doch wir vergeben anderen nicht deshalb, weil sie es verdienen, sondern weil Christus uns vergeben hat. Wir verdienen Vergebung genauso wenig. Wenn ich darüber nachdenke, was Christus für mich am Kreuz getan hat, dann werfe ich die Argumente, die meine Anschuldigung gegen meinen Bruder oder meine Schwester untermauern, ganz schnell zum

Fenster hinaus. Es wird wesentlich einfacher, wenn ich es aus dieser Perspektive betrachte.

Ein weiterer Punkt zur Vergebung ist, dass wir es möglicherweise aus Gehorsam heraus tun müssen und dies wiederholen müssen, bevor wir merken, wie die Wahrheit sich in unseren Gedanken und unserem Geist ausbreitet. Erinnere dich daran, was wir vorhin gesagt haben, dass wir glauben müssen, dass etwas wahr ist, bevor wir eine positive emotionale Auswirkung spüren. Wenn ich ärgerlich bin, weil ich mich angegriffen fühle, dann beende ich diese anschuldigenden Gedanken und vergebe der betreffenden Person. Und wenn es sein muss, dann wiederhole ich es, um strategisch sowohl gegen mein Fleisch als auch den Feind vorzugehen und ich fange an, die Person zu segnen, die mir Schaden zugefügt hat. Meiner Erfahrung nach ist diese Strategie ziemlich effektiv, wenn ich einer Person immer und immer wieder die gleiche Sache vergeben muss.

Wir müssen uns letztlich darüber bewusst sein, dass nicht alle Gedanken unsere eigenen sind. Der Feind versucht häufig, uns mit vergangenen Angriffen zu entmutigen, zu verwirren oder zu Fall zu bringen. Hast du schon mal erlebt, wie du mit etwas beschäftigt bist und Dich um Deine eigenen Angelegenheiten kümmerst, und aufs Geradewohl kommt eine alte Erinnerung an eine Kränkung hoch, die Du schon längst vergeben hattest? Schnell erlebst Du die ganze ärgerliche Geschichte noch einmal in Gedanken und bis wütend auf die Person, der Du schon vor Jahren vergeben hast. Danach fühlst Du dich schlecht und schuldig wegen dieser Gedanken!

Du bist dem Feind auf den Leim gegangen. Das ist eine seiner Lieblingsstrategien und er schafft das ganz leicht und schnell, wenn Du nicht „Deine Gedanken gefangen nimmst".

Eine effektive Art, damit umzugehen ist, als erstes innezuhalten und über den Ursprung dieses Gedankens nachzudenken. Vergebe der Person schnell noch einmal, wenn Du merkst, dass Du wütend wirst. Dann - und das ist der Clou - danke dem Feind dafür, dass er Dich an diese Person erinnert hat und erkläre ihm, wie dankbar Du für Christi Vergebung in Deinem Leben bist und wie Du sie auf andere weiter ausdehnen willst. Dann bete für Segen und Wohlergehen derer, die Dich in der Vergangenheit verletzt haben. Ich habe herausgefunden, dass diese Technik den Feind ganz schnell zum Stillschweigen bringt und bewirkt, dass diese ärgerlichen vergangenen Verletzungen endlich verheilen und aufhören, mich zu piesacken.

Erinnern

Ein einfacher, aber sehr kraftvoller Weg, um Zugang zu Glauben, Frieden und Freude zu bekommen, ist, uns in vergangene positive Erinnerungen aus Zeiten, in denen Gott uns gesegnet, geheilt, befreit, beschützt und unsere Gebete beantwortet hat, zurückzuversetzen. Wenn wir uns in diese Erinnerungen hineinversetzen, dann setzen unsere Gedanken daran dieselben positiven Chemikalien frei und unser Glaube wird erneuert. Deshalb ist es so wichtig, sich Zeit zu nehmen ein Tagebuch zu führen und unsere Siege in Christus aufzuzeichnen und laut vorzulesen. So werden wir im Glauben aufgebaut. David hat das immer wieder durch die Psalmen getan. Viele der Psalmen beginnen damit, dass David schwach und niedergeschlagen war und in Frage stellt, ob Gott sich überhaupt an ihn erinnert. Doch dann zählt er die vergangenen Siege auf und bringt seine Seele in eine Haltung des Lobpreises und des Glaubens. Er tut das einfach durch die Erinnerung.

Wo hat Gott sich für dich in der Vergangenheit eingesetzt? Wo hat Er dich beschützt? Welche Gebete hat Er beantwortet? Anstatt sich darauf zu fokussieren, was Gott nicht getan hat, konzentriere dich lieber auf das, was Er getan hat. Dort findest du deinen Glauben und deine Freude. Wenn es dir schwerfällt, dich daran zu erinnern, was Gott für dich getan hat, dann kannst du von dieser Technik profitieren.

Sprich das Wort aus

Die Macht von Tod und Leben liegt in der Gewalt der Zunge (siehe Sprüche 18,21), und wir erschaffen Welten durch unsere Worte. Es ist absolut wichtig, dass wir unsere Zungen hüten, damit das, was wir aussprechen, mit Gottes Wort in Übereinstimmung ist. Unsere Worte haben Macht und wir können damit die dämonischen Kräfte entweder einschränken oder ihre Macht verstärken.

Gottes Wort lebt und ist aktiv, deshalb ermutige ich meine Patienten, Schlüsselverse der Bibel, die in ihre Situation hineinsprechen, laut zu lesen. Es liegt Kraft darin, wenn wir das Wort Gottes laut vorlesen. *„Also ist der Glaube aus der Verkündigung, die Verkündigung aber durch das Wort Christi.“* (Röm. 10,17, Elberfelder). Wenn ich das

Wort sehe, dann kommt es über eine Nervenleitungsbahn in mein Gehirn, aber wenn ich es laut lese, kommt es über eine weitere Bahn hinein und die Wahrheit wird verstärkt.

Wenn Du Probleme mit Ängsten hast, dann suche dir eine Schriftstelle, die diese Angst anspricht, zum Beispiel: *„Ich suchte den HERRN, und er antwortete mir; und aus allen meinen Ängsten rettete er mich."* (Ps. 34,5, Elberfelder). Lese sie immer und immer wieder laut vor, bis sie in deinem Geist glaubhaft klingt. Es kann sein, dass du sie zwanzig Mal oder öfter lesen musst, bis du merkst, dass dein Verstand und dein Geist in Übereinstimmung kommen.

Wir müssen unseren Geist unseren Verstand leiten lassen, denn unser Geist wird die Wahrheit oft erkennen, bevor unser Verstand sie bemerkt hat. Bill Johnson sagt, dass unser Geist einen besseren Leiter abgibt und unser Verstand einen besseren Nachfolger. Bei Störungen des Gemütszustandes sind die Positionen oft vertauscht. Der Geist folgt dem Verstand. Wenn du damit Probleme hast, erkläre deinem natürlichen Verstand, er solle eine Pause machen und befiehl deinem Geist, dem Heiligen Geist zu folgen. Behalte das im Hinterkopf und sprich die Schriftstellen dann laut aus. David hat das in den Psalmen oft getan. Er hat seine „Seele" oder seinen Verstand angewiesen, den Herrn zu preisen. Man kann förmlich heraushören wie er sich selbst am Kragen packt und seiner Seele sagt, was sie zu tun hat. Dein Geist muss deinen Verstand leiten.

Ernähre deinen Verstand

Womit des Menschen Herz voll ist, davon redet sein Mund (siehe Lukas 6,45). Deshalb sollten wir uns dessen bewusst werden, womit wir unseren Verstand und unser Herz füllen. Anders ausgedrückt: Was lesen wir und was sehen und hören wir uns an? Paulus sagt:

> *„Freut euch im Herrn allezeit! Wiederum will ich sagen: Freut euch! Eure Milde soll allen Menschen bekannt werden; der Herr ist nahe. Seid um nichts besorgt, sondern in allem sollen durch Gebet und Flehen mit Danksagung eure Anliegen vor Gott kundwerden; und der Friede Gottes, der allen Verstand übersteigt, wird eure Herzen und eure Gedanken bewahren in Christus Jesus." (Phil. 4,4-7, Elberfelder).*

Dann schreibt Paulus weiter, wie man dies tun sollte-indem man seine Gedanken mit allem nährt, was wahr, ehrbar, rein, richtig, liebenswert, bewundernswert, gut und lobenswert ist (siehe Phil. 4,8).

Wir sollten sehr vorsichtig damit umgehen, für was wir unseren Geist öffnen. Wir sind 24/7 umgeben von Medien, die sich auf das Negative fokussieren, weil man damit Geld machen kann. Ich sage nicht, dass wir uns nicht darüber bewusst sein sollen, was in der Welt um uns herum geschieht, aber wir sollten uns selbst genau beobachten. Wenn das, was wir uns anhören oder ansehen, in uns ängstliche, besorgte, traurige, wütende oder machtlose Gefühle weckt, und nicht den oben aufgelisteten Kriterien von Paulus entspricht, dann schalte es besser ab! Umgib dich stattdessen besser mit Lobpreis Musik,

Gottes Wort, aufbauenden oder ermutigenden Büchern, Predigten und so weiter. In anderen Worten gesagt, wir sollten unseren Glauben aufbauen und unsere Herzen und Gedanken bewahren.

Dankbarkeit

Es ist schwierig, dankbar und gleichzeitig ängstlich oder depressiv zu sein. Ich habe herausgefunden, dass Menschen, die gewohnheitsmäßig eher dankbar sind, generell fröhlich sind und scheinbar immun gegen Ängste und Depressionen. Wenn wir in der Lage sind, in der Welt um uns herum die Dinge zu sehen, die richtig und gut sind, und dafür dankbar sein können, dann haben wir einen Schlüssel zum Glücklichsein gefunden. Unsere Kultur bringt uns bei, auf die Probleme zu schauen, damit wir sie beheben können, aber in Wahrheit sind wir von wunderbaren Segnungen umgeben, die wir meistens automatisch übersehen. Wir denken gar nicht mehr darüber nach, dass wir nur einen Schalter umlegen müssen, um die Heizung oder Klimaanlage nach unserem Wohlbehagen einzustellen, dass wir unsere Freunde oder Verwandte einfach nur anrufen müssen, wenn wir mit jemandem reden wollen, oder dass wir zum Reisen einfach ins Auto oder Flugzeug steigen können… Vor hundert Jahren hätte man all diese Dinge noch nicht tun können! Wir haben sehr viel, wofür wir dankbar sein können. Die Erkenntnisse der Medizin, Wissenschaft und Technologie der letzten hundert Jahre sind beispiellos. Das Königreich Gottes breitet sich auch über die ganze Erde aus. Und wieder haben wir viel, wofür wir dankbar sein können. Danksagung richtet unseren Verstand neu aus und hilft uns, das Positive zu sehen. Außerdem kommen wir durch Danksagung in Gottes Gegenwart, wie Psalm 100 es uns sagt: *„Zieht ein in seine Tore mit Dank, in seine Vorhöfe mit Lobgesang! Preist ihn, dankt seinem Namen!"* (Ps. 100,4, Elberfelder).

Der einfache Akt, Gott für Seinen Segen zu danken, bringt uns in eine Haltung des Lobpreises. Ich sehe Danksagung als Eintrittstor zum Lobpreis. Wenn ich mich gerade nicht danach „fühle", Gott anzubeten, dann fange ich einfach an, Ihm für Seine vielen Segnungen zu danken. Sehr schnell kommen mein Geist und meine Seele damit in Übereinstimmung, und der Lobpreis kommt ganz von selbst. Dankbarkeit ist einfach. Fang einfach damit an und danke Gott jeden Tag mindestens für *fünf* Dinge. Versuche, verschiedene Sachen zu finden, für die du dankbar sein kannst. Sieh dich in der Welt um, und erfreue dich am Überfluss Seiner Segnungen in deinem Leben.

Tauche ein in die Gegenwart Gottes

Wir werden wie der Eine, auf den wir sehen! Da Gott nicht ängstlich, besorgt oder depressiv ist, sondern voller Freude, Glaube und Hoffnung, ist Seine Gegenwart ein Zufluchtsort. Wir dürfen den Heiligen Geist unseren Geist erneuern lassen. So wie David beschreibt:

> *„Ich suchte den HERRN, und er antwortete mir; und aus allen meinen Ängsten rettete er mich. Sie blickten auf ihn und strahlten, und ihr Angesicht wird nicht beschämt." (Ps. 34, 5-6, Elberfelder).*

Ein einziger Moment in Gottes Gegenwart kann unseren Verstand erneuern, wenn wir ängstlich oder depressiv sind und uns weit entfernt von Ihm fühlen. Wir können mit Danksagung anfangen und von dort aus in den Lobpreis gehen, und Ihn solange preisen, bis wir Seine Gegenwart spüren. In Wahrheit ist Gott immer gegenwärtig. Er ist uns näher, als wir uns es vorstellen können. Er wohnt in uns und wir können jederzeit zu Ihm kommen.

Was hast du angezogen?

Paulus sagt uns in Epheser 6, dass wir uns in einer Schlacht befinden und uns ausrüsten müssen, um die Mächte des Bösen abzuwehren und standhaft zu bleiben. Manchmal können wir nicht mehr tun, als unser Land zu verteidigen. Unglücklicherweise sehe ich viele Menschen, die nackt und verwundet herumlaufen. Sie haben nicht verstanden, dass sie sich in einer Schlacht befinden, und keine Rüstung tragen.

Das sind diejenigen, die vergessen haben, ihren Helm der Errettung aufzusetzen. Sie verstehen nicht, dass sie durch das Kreuz von aller Ungerechtigkeit gereinigt sind, und nicht länger Sünder sind, sondern Heilige. Sie fühlen sich ständig unrein, weil ihre Gedanken nicht durch das Blut Jesu geschützt sind. Sie kennen sich mit der Wahrheit nicht so gut aus, deshalb stehen sie mit heruntergelassenen Hosen da. Die Wahrheit ist wichtig, weil sie die Dinge zusammenhält. Sie erkennen nicht, dass ihre Sündenmuster sie angreifbar machen. Wenn sie bereuen würden, könnten sie wieder den Brustpanzer der Gerechtigkeit tragen. Aber ihre Schuld macht den Weg für den Geist der Angst und Unterdrückung frei.

Trägst du die Schuhe der Bereitschaft, das Evangelium des Friedens zu verkünden? Wenn du nun deine Rüstung angezogen hast, dann brauchst du noch deinen Schild und deine Waffe. Dein Schild ist sehr kraftvoll - es ist der Glaube an Gott. So bekämpfst du Unglauben. Glaube ist der Gegenpol zu Unglauben und dieses Schild beschützt dein Herz und deinen Verstand vor den feurigen Pfeilen des Feindes. Zusätzlich kannst du auch mit deinem Schwert des Geistes in die Offensive gehen, welches das Wort Gottes ist.

> *„Schließlich: Werdet stark im Herrn und in der Macht seiner Stärke! Zieht die ganze Waffenrüstung Gottes an, damit ihr gegen die Listen des Teufels bestehen könnt! Denn unser Kampf ist nicht gegen Fleisch und Blut, sondern gegen die Gewalten, gegen die Mächte, gegen die Weltbeherrscher dieser Finsternis, gegen die geistigen Mächte der Bosheit in der Himmelswelt. Deshalb ergreift die ganze Waffenrüstung Gottes, damit ihr an dem bösen Tag widerstehen und, wenn ihr alles ausgerichtet habt, stehen bleiben könnt! So steht nun, eure Lenden umgürtet mit Wahrheit, bekleidet mit dem Brustpanzer der Gerechtigkeit und beschuht an den Füßen mit der Bereitschaft zur Verkündigung des Evangeliums des Friedens! Bei alledem ergreift den Schild des Glaubens, mit dem ihr alle feurigen Pfeile des Bösen auslöschen könnt! Nehmt auch den Helm des Heils und das Schwert des Geistes, das ist Gottes Wort!“*
> (Epheser 6,10-17, Elberfelder).

Christus in dir

Verstehst du wirklich, wer Christus in dir ist? Er lebt tatsächlich in dir! Wenn ich über dem Epheserbrief meditiere, dann steigt mein Geist in die Höhe, während mein Verstand die herrlichen Reichtümer meines Erbes in Christus nur schwerlich erfassen kann. Was bedeutet es wirklich, mit jedem geistlichen Segen in Christus gesegnet zu sein? Oder kannst du die Macht, die in dir wohnt und die Jesus vom Tod auferstehen ließ, ganz erfassen? Oder die Tatsache, dass du in himmlischen Orten mit Christus sitzt?

Ich möchte dich ermutigen, einige Zeit damit zu verbringen, über die ersten drei Kapitel des Epheser-Briefes zu meditieren und dich auf dein Erbe und deinen Platz als Gläubiger in Christus zu fokussieren. Egal wie deine Situation aussieht - nichts kann dich von der Liebe Gottes trennen!

9. KAPITEL

MÜNDIGE KINDER GROSSZIEHEN

Von Jenn Johnson

Ich habe drei wunderbare Kinder- Haley Bren (10), Téa Kate (7) und Braden Tyler (4)- und ich liebe sie über alles! Als ihre Mutter ist es mein Verlangen, sie zu lieben, zu lehren und sie dahingehend anzuleiten, dass sie großartige, weltverändernde Persönlichkeiten werden, die voller Liebe für andere Menschen sind. Ich rede nicht nur über die Zeit, wenn sie erwachsen sind, sondern über das hier und jetzt. Unsere Kinder sind stark und tragen weltverändernde Kraft in sich. Wir müssen ihnen dabei helfen, ihre Stärken und Gaben zu erkennen, ihre Schwächen auszumachen und daran zu arbeiten und zu begreifen, wer sie in Gott sind: königliche Söhne und Töchter, die zu Ihm gehören, Ihn widerspiegeln und für die Welt repräsentieren! Unsere Aufgabe als Eltern ist es, sie zu ermutigen („mit Mut zu inspirieren"[22]), die Kraft, die in ihnen steckt, herauszulocken und die Wahrheit darüber, wer sie in Gott sind, über sie auszusprechen. Wenn wir das tun, während sie aufwachsen - wenn wir sie lehren, wer sie als königliche Personen sind und ihnen helfen, sich über den König und das Königreich, das sie repräsentieren, bewusst zu werden - dann werden sie einflussreiche Menschen für Jesus werden. Das ist mein Ziel für meine Kinder- sie auf einen Weg zu bringen, wo sie erfolgreich im Königreich leben, sogar schon in jungen Jahren. Immerhin gibt es für den Heiligen Geist keine Altersbeschränkung!

Keine Altersbeschränkung

Unser Kinderdienst in der Gemeinde in Bethel hat eine tolle Deklaration für die Kinder geschrieben, die das kraftvolle Potential, das in Ihnen steckt, herausruft:

Ich habe Kraft und was ich glaube, verändert die Welt!

Deshalb erkläre ich heute:

Gott hat gute Laune.

Er hört nie auf mich zu lieben.

Nichts kann mich von Seiner Liebe trennen.

Jesu Blut hat den Preis für alles bezahlt.

Ich werde den Nationen erzählen, was Er getan hat.

Ich bin wichtig.

---

22 Merriam-Webster Lexikon, online, gesucht nach "encourage", http://www.merriamwebster.com/dictionary/encourage (aufgerufen am 15. Mai 2012).

Er hat mich wunderbar geschaffen.

Ich bin für den Lobpreis gemacht.

Mein Mund preist Ihn, um den Feind zum Schweigen zu bringen.

Überall dort, wo ich hingehe, entsteht eine Zone des Heils.

Und mit Gott ist nichts unmöglich![23]

Wie diese Erklärung, die auf Schriftstellen basiert, zeigt, haben unsere Kinder (und Enkel) denselben Heiligen Geist in sich wie wir. Das ist sehr wichtig. Und es ist etwas, das wir in unserem täglichen Leben ausleben müssen. Aber zu allererst müssen wir es selber glauben. Ich rede nicht davon, einfach vom Verstand her damit einverstanden zu sein, sondern darüber, dass wir so leben, als würden wir es glauben. Ich rede davon, die Kinder ernst zu nehmen und sie nicht aufgrund ihres Alters herabzusetzen. Paulus schrieb an seinen geistlichen Sohn Timotheus:

„Niemand verachte deine Jugend, vielmehr sei ein Vorbild der Gläubigen im Wort, im Wandel, in Liebe, im Glauben, in Keuschheit!“ (1. Tim. 4,12, Elberfelder).

Wir müssen dies auch auf unsere Beziehungen zu unseren Kindern übertragen. Wir sollen wahrhaftig glauben, was Jesus sagte:

„Wahrlich, ich sage euch, wenn ihr nicht umkehrt und werdet wie die Kinder, so werdet ihr keinesfalls in das Reich der Himmel hineinkommen.“ (Matt. 18.3, Elberfelder).

---

23 “Offerings of Thanks #4,” *Bethel Redding;* http://bethelredding.com/offering-readings (aufgerufen am 25. April 2012).

Ich bin dankbar für meine Schwiegermutter[24] Beni, die mir zeigte, als unsere Kinder noch sehr klein waren, dass ein großer Teil dessen, was Kinder wahrnehmen, geistlich ist. Wir werden so leicht frustriert, weil wir nicht verstehen, warum unsere Kinder das tun, was sie gerade tun. Ihre Gefühle sind noch unreif und sie verstehen nicht, *warum* sie fühlen und was sie die meiste Zeit fühlen. Für uns kann das ziemlich irrational aussehen, wenn wir nicht dahinter blicken, was wirklich passiert- so ähnlich wie uns das manchmal in Bezug auf Hormone oder Müdigkeit geht. Wenn wir keinen Wert auf ihre Fähigkeit legen, den Geist zu sehen und zu unterscheiden, werden wir sie falsch „diagnostizieren" und sie ruhigstellen. Aber wenn wir Kinder großziehen wollen, die Welt-Veränderer sind, dann müssen wir eine andere Antwort für sie finden.

Fürbitte 101

Tränen für die Heimatlosen

Einmal, als Haley ungefähr drei Jahre alt war, saß ich mit ihr und Beni im Auto. Plötzlich fing Haley in ihren Kindersitz ohne ersichtlichen Grund an zu schluchzen. „Was in aller Welt ist los?", fragte ich sie. Und so wie die meisten Mütter dachte ich: *„Oh, sie wird wahrscheinlich müde sein. Letzte Nacht hat sie so schlecht geschlafen."*

Aber Beni meinte: „Da steckt irgendetwas hinter!" Sie drehte sich zu Haley um und fragte sie: „Wann bist du so traurig geworden? Was hat dich traurig gemacht?"

---

24 Wortspiel im Englischen: „mother-in-law" (=Schwiegermutter, wörtl: Mutter durch vom Gesetz) wird hier ersetzt durch „Mother-in-love" (Mutter aus Liebe)

Als Beni ihr diese Fragen stellte, schien Haley sich plötzlich bewusst zu werden, dass ihre Traurigkeit durch etwas außerhalb von ihr, verursacht worden sein könnte. Ich sah, wie ein Schimmer der Erkenntnis in ihren Augen aufglomm. In diesem Moment hatte sie eine geistliche Erkenntnis. Haley sagte: „Der Mann da hinten. Der hat mich wirklich traurig gemacht."

In diesem Moment erkannten Beni und ich, dass Haley genau in dem Moment angefangen hatte zu weinen, als wir an einem obdachlosen Mann auf der Straße vorbeigekommen waren. Wir hatten diese Verbindung noch nicht einmal wahrgenommen, bis sie ihn erwähnte. Jetzt kamen wir der Sache näher.

Wir hätten ihren emotionalen Ausbruch einfach ignorieren und sagen können: „Er wird schon klar kommen, Liebling!", oder etwas Ähnliches. Aber wir haben den Geist bei Seinem Werk erkannt und diese Möglichkeit genutzt. Aus unserer Autofahrt wurde Fürbitte 101. Und jetzt kommt Benis Antwort an Haley, unsere Fürbitterin in Ausbildung: „Du konntest diese Traurigkeit fühlen, damit du weißt, was du beten sollst. Aber diese Traurigkeit kommt nicht von dir. Jetzt müssen wir Jesus die Traurigkeit zurück in Seine Hände geben, weil sie Seine Last ist und nicht deine." Beni und Haley schlossen die Augen und sie fuhr fort: „Haley, ich möchte, dass du die ganze Traurigkeit, die du fühlst, in Jesus Hände zurück gibst. Kannst du sie dort sehen?"

„Ja!", antwortete Haley.

„Dann kannst du jetzt beten", machte Beni weiter.

Beni und Haley streckten ihre Hände in Richtung des obdachlosen Mannes aus, der gegenüber unserer Parkplatzes war, und dann leitete sie Haley in ein einfaches Gebet: „Jesus, wir setzen Deinen Frieden über ihn frei!"

„Wie geht es dir jetzt?", fragte Beni.

„Gut!", strahlte Haley sie an. Die Tränen waren verschwunden und ein Lächeln machte sich breit. Haley hatte eine wichtige Lektion über ihre Gefühle und den Geist Gottes gelernt. Wie du später in einer anderen Geschichte, die ich erzählen werde, sehen wirst, ist sie weiter dort hineingewachsen als sie älter wurde. Mein Mann Brian und ich haben viel an diesem geistlichen Training mit unsere Kinder in den alltäglichen Situationen des Lebens gearbeitet. Es ist ein Lernprozess- jeder von uns lernt, auf den Heiligen Geist zu hören!

Fürbitte 201

Traurigkeit bei der Feuerwehr

Vor kurzem, unsere zweite Tochter Téa war sechs, hatte ich mit ihr ein ähnliches Ereignis. Ich war als Begleitperson auf einem Schulausflug zur Feuerwehr. Ich fuhr mit Téa und einigen anderen Kindern. Auf dem Weg im Auto waren wir sehr ausgelassen und hatten jede Menge Spaß zusammen. Als wir ankamen, alberten die Kinder immer noch herum. Sobald wir aber das Gebäude der Feuerwehr betraten, zog sich Téa in sich zurück. Sie wurde traurig, fing an zu schmollen und ungezogen zu werden. Ich dachte: *„Ist das ihr Ernst? Was für ein Ausflug! Gerade im Auto war noch alles in Ordnung, also was soll das jetzt?"* Wir gingen herum und sahen uns die Präsentation an doch in der ganzen Zeit machte Téa Theater. Ihr Lehrer versuchte ohne Erfolg, sie zum Aufhören zu bewegen. Und ich war natürlich frustriert! *„Jetzt komm schon"*, dachte ich, *" jeder hat Spaß hier. Was ist los mit dir?"* Am Ende des Ausflugs gab der Lehrer den Kindern Donuts, aber noch nicht einmal die konnten sie aufheitern. Ich wusste, dass mehr dahinter steckte.

Nach den Donuts gingen wir zurück zu den Autos, um uns auf den Heimweg zu machen. Als die Kinder ins Auto einstiegen, bemerkte ich auf einmal, dass die „glückliche Téa" wieder da war. Wie vorher schon hüpfte und kicherte sie mit den anderen zusammen herum. Die Fahrt nach Hause war genauso wie auf dem Hinweg, mit viel Spaß auf dem Rücksitz. Während ich fuhr, versuchte ich herauszufinden, was mit ihr geschehen war. Ich war getroffen davon, wie plötzlich sie im Auto wieder fröhlich geworden war und spürte, wie der Herr mir zuflüsterte: „Achte darauf!". Mir wurde bewusst, dass hier etwas Höheres vor sich ging und ich wusste, ich musste mit ihr zu Hause darüber reden.

Ich fuhr zurück zur Schule (weil ich immer noch die anderen Kinder mit im Auto hatte). Nachdem die Kinder wieder in ihre Klasse gebracht worden waren, nahm ich Tèa zur Seite und bat sie: „ Téa, die Schule ist sowieso bald vorbei, also lass uns nach Hause fahren, damit Mami nicht noch einmal wieder kommen muss!"

„Ok!", stimmt sie zu, was einem Wunder gleich kommt, weil sie unerwartete Änderungen ihres Zeitablaufes in der Regel nicht leiden kann! Sie möchte nichts verpassen, deshalb war der fehlende Widerstand von ihrer Seite ein Zeichen und ein Wunder! (Wenn Du ein planungsorientiertes Kind hast, weißt Du, was ich meine!)

Wir fuhren nach Hause und gingen in ihr Zimmer und ich setze mich auf ihr Bett. Ich sagte: „Du hast nichts falsch gemacht! Ich möchte nur gern mit dir über etwas reden. Erzähl doch mal, was mit dir los war, als wir bei der Feuerwehr waren!"

Sofort zog sie sich wieder in sich zurück und murmelte: „Ich fand es da nicht gut!"

„Warum?", fragte ich nach.

„Ich fühlte mich da drinnen so traurig!", gab sie zurück.

„Oh", sagte ich, „du hast Trauer gefühlt." Ich sah ihr in die Augen. „Téa, das war eine Aufforderung zu beten, weil Gott dich etwas hat fühlen lassen, was nicht von dir kam und du sollst es auch nicht behalten." Es war das gleiche Szenario wie mit Haley, nur in einem anderen Alter. Ich fuhr fort: „Téa, lass uns für die Feuerwehrleute beten! Das ist nicht deine Trauer gewesen. Gib sie in Jesus Hände!" Nachdem sie gebetet hatte, fragte ich sie: „Wie fühlst du dich jetzt?"

„Gut!", sagte sie, sprang aus meinem Arm und lief aus dem Raum.

Diese Erfahrung mit Téa sieht von außen betrachtet etwas anders aus, als es bei Haley war. Téa weinte nicht, aber sie zog sich innerlich zurück. Es gibt kein Rezept, wie Kinder reagieren, wenn sie etwas Geistliches spüren. Mit Sicherheit fühlen sie Dinge, die Größer sind als sie selbst. Sie nehmen den Schmerz anderer Menschen auf und die Gefühle Gottes diesen Menschen gegenüber wahr. Es ist leicht, zu sagen: „Ach, sie ist nur müde!“, oder „Sie hat bloß schlechte Laune!“. Die Gefühle unserer Kinder sind nicht immer so einfach zu ergründen. Wenn wir sie immer nur oberflächlich interpretieren, werden wir einen Großteil falsch deuten, dann werden auch unsere Kinder frustriert sein, weil wir ihnen nicht dabei helfen können, ihre Gefühle zu verstehen.

DIE QUELLE ERKENNEN

Die Frage, die Beni Haley stellte, ist der Schlüssel. „Wann fing es an, dass du traurig wurdest?“ Anders ausgedrückt: Du musst deinen Kindern zeigen, wie sie zurückgehen und ihren Frieden wieder finden können. Hilf ihnen, herauszufinden, wann und warum die Gefühle der Trauer oder Wut anfingen - oder welches Gefühl sich bei ihnen zeigte, das nicht ihrem Naturell entspricht. Geh zurück und finde es. Dann wirst du wissen, wie du damit umgehen musst. Halte inne bei dem, was du tust, und frage den Heiligen Geist, was gerade passiert - welche geistliche Realität erkennt dein Kind? Wenn du die Quelle erst einmal gefunden hast, dann frage den Heiligen Geist, was du tun oder wofür du beten sollst.

Viele von uns haben Zeiten erlebt, in denen wir auf einmal „zufällig“ irgendwelche Gefühle erlebten, aber nicht wussten, aus welchem Grund. Du gehst in ein Geschäft und fühlst dich plötzlich völlig grundlos entmutigt, obwohl du vorher noch sehr hoffnungsvoll warst. Du besuchst einen Gottesdienst und dir gehen auf einmal alle möglichen verurteilenden Gedanken über die Leute dort durch den Kopf, obwohl du eigentlich ein sehr barmherziger Mensch bist. Das sind Beispiele dafür, wie geistliche Wahrnehmung aussehen kann, und dies ist etwas, was jeder erlebt. Das ist der Grund dafür, dass sich Ungläubige häufig zu Christen hingezogen fühlen, die viel Friede und Freude ausstrahlen. Sie können es spüren. Sie fühlen sich gut, wenn sie mit diesen Gläubigen zusammen sind, aber sie verstehen nicht so genau, weshalb das so ist.

Kindern geht es genauso. Oft nehmen sie mehr wahr, als die Erwachsenen, weil sie noch nicht gelernt haben, ihre Gefühle weg zu rationalisieren. Ich will damit nicht sagen, dass jedes Gefühl, was unsere Kinder haben, eine geistliche Wahrnehmung sein muss. Jeder, der Kinder hat, weiß, dass das nicht wahr ist. Es gibt hier kein fertiges Rezept, sondern nur einen Hinweis, worauf wir achten sollten. Es soll uns helfen, die Stimme des Heiligen Geistes zu hören, wenn sie uns zur Aufmerksamkeit ruft, auf die Gefühle unserer Kinder zu achten, wenn sie wirklich der geistlichen Wahrnehmung entstammen.

Bei beiden Erlebnissen mit Haley und Téa konnte ich ein untypisches Verhalten und einen plötzlichen Emotionswechsel feststellen. Wenn du dein Kind betrachtest und denkst: *„Was ist hier los? Warum tust du das auf einmal?“*, dann ist es an der Zeit, den Heiligen Geist um Rat zu fragen. Es besteht die Möglichkeit, dass mehr dahintersteckt als einfach kindlicher Ungehorsam.

Wenn Kinder anfangen, diese geistliche Wahrnehmung zu verstehen, dann erkennen sie auch, dass sie den Herrn genauso hören können wie die Erwachsenen. Das befähigt sie, mit dem Heiligen Geist zusammenzuarbeiten und in ihre Fähigkeit zu vertrauen, die Welt - unabhängig vom Alter- verändern zu können. Eine Erfahrung, die ich mit Téa gemacht habe, als sie sechs war, festigte die Wichtigkeit dieser Erkenntnis in meinem Herzen. In dieser Zeit arbeitete Téa gerade an ihrer Tendenz, wütend zu reagieren, wenn anderer Menschen sie frustierten. Es war ein langer Prozess, sie zu erziehen und in ihre Schranken zu verweisen- was mich oft an meine Grenzen brachte.

Eines Sonntags sagte ich ihr: „Téa, du musst den Heiligen Geist bitten, wegen dieser Sache mit dir zu sprechen!" Während der Lobpreiszeit in der Gemeinde am selben Morgen, bekam Téa ein Wort von Gott, und schrieb es auf: „Bleib geduldig!". „Bleiben" bedeutet für mich „aufrechterhalten". Mit anderen Worten: „Halte Deine Geduld aufrecht indem du mit den Dingen zu Gott gehst". Als sie es mir zeigte, war ich überwältigt, weil Gott zu ihr auf eine Art gesprochen hatte, wie ich es nie gekonnt hätte! Er hatte ihr Herz mit Seiner Weisheit berührt, was den entscheidenden Unterschied gemacht hat. Ich hatte Téa alles gesagt, was ich wusste, aber sie brauchte ein Wort von Gott! Als Eltern geben wir unser Bestes, unsere Kinder Weisheit, Liebe und Disziplin zu geben, aber wir sollten daran denken, dass derselbe Heilige Geist, der in uns wohnt, auch in unseren Kindern lebt und mit ihnen spricht. Ich glaube, dass Kinder aufgrund ihrer Einfachheit manchmal sogar noch klarer hören können als Erwachsene.

Es ist unsere Aufgabe, den Kindern in unserem Leben beizubringen, wie es aussieht, auf den Heiligen Geist zu hören und wie sie erkennen können, wenn sie ein

Gefühl haben, was nicht von ihnen selbst kommt. Das kostet viel Arbeit, viel Beständigkeit - es ist ein Lern-Erlebnis! Aber die Belohnung ist unglaublich! Kinder, die gelernt haben, ihre Wahrnehmung zu verstehen und auf den Heiligen Geist zu hören, sind unaufhaltbar! Diese Fähigkeit, kombiniert mit ihrem kindlichen Glauben an das Unmögliche, macht sie zu Kraftwerken für Jesus, die Menschen mit Gottes Liebe wirklich erreichen werden.

Fürbitte 301: Schatzsuche im „Target-Supermarkt"

Weiter oben habe ich erzählt, dass unsere älteste Tochter Haley kontinuierlich in ihrem Verständnis von geistlicher Wahrnehmung gewachsen ist. Oft zeigt es sich in den kleinen Dingen, aber an einer speziellen Sache habe ich gesehen, was für eine Kraft dahinter steckt, wenn wir unsere Kinder in ihrer Wahrnehmung fördern.

Am Muttertag 2011 saß ich mit meiner Familie in der Gemeinde in der ersten Reihe. Das Lobpreis-Team kam nach vorne und der Gottesdienst fing an. Mein Schwiegervater Bill stand zur Begrüßung auf und sagte: „Heute ist Muttertag! Segnet die Mütter um euch herum!" Jeder sah sich um, um die Mütter zu begrüßen und sie in den Arm zu nehmen. Währenddessen drehte ich mich um, um meine Sachen auf den Stuhl zu legen, bevor der Lobpreis begann und sah, dass Haley völlig außer sich war und weinte. Sie war damals neun und ist kein besonders emotionales Kind (im negativen Sinne), sondern sehr ausgeglichen, so dass das sehr ungewöhnlich für sie war.

Offensichtlich war etwas absolut nicht in Ordnung. Ich nahm sie mit aus dem Raum hinaus und fragte: „Hey, was ist los mit dir?“

„Wir müssen sofort nach Hause!“, sagte sie durch die Tränen hindurch.

Der Lobpreis fing gerade an und das wollte ich in dem Moment überhaupt gar nicht hören. Es ist wirklich viel Arbeit und kommt meistens einem Wunder gleich, nicht nur drei gesunde Kinder zu haben, sondern auch mit allen zusammen pünktlich zur Gemeinde und zum Kinderdienst zu kommen. Auf wundersame Weise hatte das alles an diesem Tag geklappt und ich wollte es einfach nur genießen.

Ich sagte: „Meinst du, dass das vom Herrn kommt oder fühlst du etwas, was du gerade persönlich brauchst?“

„Vom Herrn!“, meinte sie nachdrücklich.

„Ok, mehr brauche ich erst mal nicht zu wissen.“, sagte ich. Als wir gingen, erzählte ich ihr: „Mein Schatz, manchmal, wenn wir dem Heiligen Geist und dem, was Er sagt, folgen, dann musst du den Plan nicht von A bis Z kennen. Du hast nur das A, also sollten wir das in Ehren halten.“

Meine Kinder zu ehren ist etwas, was ich immer noch lerne. Besonders dann, wenn ich Sonntag morgens in der Gemeinde mit den anderen zusammen sein möchte und mit ihnen anbeten möchte. An diesem Morgen gab es viele Faktoren, die mir nahelegten, nicht zu gehen. Aber ich wusste, dass etwas hinter dem steckte, was Haley gesagt hatte. Ich konnte es fühlen. Deshalb entschied ich mich, dem nachzugehen und ihr und dem Heiligen Geist, der zu ihr gesprochen hatte, zu vertrauen. Ich sagte Brian Bescheid, dass ich sie nach Hause brachte und ging.

Zu der Zeit wohnten wir sehr nah an der Gemeinde und während der kurzen Fahrt nach Hause versuchte ich in Gedanken zu ergründen, was wir da taten. Es ist so leicht etwas zu rationalisieren, was wir hören und was für unseren natürlichen Verstand keinen Sinn ergibt. Ich dachte: *„Letzte Woche hat jemand das Auto unseres Kindermädchens direkt vor unserem Haus aufgebrochen. Wir gehen jetzt nach Hause und schnappen uns diese Leute auf frischer Tat. Wo ist mein Stemmeisen?"* Ich bereitete mich innerlich darauf vor, jemandem in den Hintern zu treten, sagte aber natürlich Haley nichts von dem, was in mir vorging.

Als wir zu Hause ankamen, war alles in perfekter Ordnung- keine Vandalen oder Diebe, die es zu erwischen gab. Ich war verwirrt. Warum waren wir denn hier? Ich wunderte mich und sagte zu Haley: „Pass auf was wir jetzt machen werden! Der Heilige Geist lässt dich etwas fühlen. Lass uns mal sehen, ob wir einfach nur nach Hause kommen sollten und nichts weiter, oder ob Er heute noch etwas anderes für uns zu tun hat!"

„Ok!", meinte sie.

„Ich möchte, dass du dich auf die Couch setzt und in Zungen redest. Frag den Heiligen Geist: ‚Sind wir fertig, oder sollen wir noch etwas anderes tun?'."

Sie war einverstanden und fing an. In der Zeit, während ich auf sie wartete, stopfte ich schnell etwas Wäsche in den Trockner, weil es nun einmal getan werden musste. (Alle

Mütter wissen worüber ich rede!) Das hier war nicht meine Sache, sondern Haleys, und sie musste selber eine Antwort finden. Nach einer Weile ging ich zu ihr zurück und fragte: „Alles klar- was fühlst du?"

Sie sagte: „Ich glaube, ich soll dich fragen, was das erste Geschäft ist, an das du denkst. Der erste Laden!"

Ehrlich gesagt wurde ich nun etwas ungeduldig, aber ich bemühte mich, sie weiterhin zu unterstützen. Es ergab in meinen Augen einfach keinen Sinn, aber ich schloss meine Augen und nannte den ersten Laden, der mir in den Sinn kann- „Target". Was sie als nächstes sagte, jagte mir einen Schauer über den Rücken.

Sie setze sich auf und meinte: „Wir fahren zu „Target" und werden dort eine Frau mit braunen Haaren finden, die in ihrem Herzen tief traurig ist und wissen muss, dass Jesus sie dort berühren will. Ihr Name beginnt mit einem M oder einem N."

Das haute mich um. „Wow, Ok, auf geht's!" Wir sprangen ins Auto und fuhren die paar Minuten zu Target, parkten, stiegen aus und gingen in das Geschäft hinein. Wir waren bereit für unser Abenteuer mit dem Heiligen Geist! Ich sagte: „Ok, wir gucken uns jetzt hier um und wenn wir jemanden sehen, von der du meinst, dass sie es sein könnte, gehen wir zu ihr und erzählen, wir wären auf Schatzsuche und müssten jemanden suchen, dessen Name mit M oder N anfängt. Es kann sein, dass wir ein paar Leute fragen müssen, also lass dich nicht entmutigen, wenn wir sie nicht sofort finden!"

Sie fand das gut und wir nahmen einen Einkaufswagen und gingen los. Es dauerte nicht lange, bis wir die erste Frau trafen. Ich sprach sie an: „Hallo, wir sind auf Schatzsuche und suchen jemanden, dessen Name mit N oder M beginnt."

Sie antwortete: „Nein, tut mir leid, ich bin`s nicht. Viel Spaß noch!"

So gingen wir weiter. Wir fragten eine zweite Frau, die uns sagte: „Ich kann euch leider nicht helfen, aber ich weiß genau, was ihr da macht. Ich gehe auch nach Bethel![25]" Sie zwinkerte uns zu und wir grinsten zurück.

„Komm, wir versuchen es noch einmal!", sagte ich.

Wir bogen um die Ecke und ich sah eine wunderschöne, sehr gut angezogene Frau mit dunkelbraunen Haaren, die uns entgegenkam. Ich sagte Haley nichts, weil das hier ihr Ding war und sie es selber spüren sollte, aber in meinem Geist war ich sicher, dass wir sie gefunden hatten. *„Oh yeah, wir haben einen Gewinner!"*, dachte ich.

Als wir uns ihr näherten, fühlte ich eine große Trauer für sie in mir hochkommen. Ich wusste mit Sicherheit, dass sie der Grund war, dass wir hier am Muttertag in der Frühe im Target waren, aber ich sagte Haley immer noch nichts.

Haley sah mich an und meinte: „Ich glaube sie ist es!"

Ich nickte ihr zu, „Komm wir gehen hin!". Wir passten sie bei den Handtüchern ab.

---

25 Um mehr über die Schatzsuchen, die wir in Bethel machen, zu erfahren, lies am besten das Buch von Kevin Dedmont: „Eine explosive Schatzsuche" (Grain-Press Verlag 2014)

Ich sprach sie an: „Hi, meine Tochter und ich sind hier auf Schatzsuche. Wir suchen jemand, dessen Name mit N oder M beginnt."

Ich hätte schwören können, dass sie keine Ahnung davon hatte, dass das eine geistliche Schatzsuche war. Sie hatte keinen blassen Schimmer davon. „Oh, ich heiße Nancy!", antwortete sie uns.

Haley sah mich an und suchte nach einem Stichwort. Ich ermutigte sie: „Haley, warum erklärst du der Dame hier nicht, was du heute gefühlt und gesehen hast!"

Sie fing an: „Ich war heute in der Gemeinde und mein Opa fing an, über Mütter zu sprechen, und da bin ich plötzlich sehr traurig geworden. Ich ging nach Hause und fragte Gott, was das sollte. Ich sah eine Frau mit braunen Haaren, die eine tiefe Trauer in ihrem Herzen trug, über die sie nicht reden wollte. Mir war klar, dass der Herr genau wusste, wo diese Frau stand und dass Er ihr in ihrer Trauer begegnen wollte. Und ich wusste, dass ihr Name mit M oder N anfing."

Nancy wusste sichtlich nicht, wie ihr geschah, aber ich konnte sehen, dass Haleys Worte wie ein Schuss in ihr Herz trafen. Ihre Augen füllten sich mit Tränen. Sie war sprachlos. Gott hatte diese Frau durch ein bescheidenes neunjähriges Kind berührt. Kinder können häufig zu Menschen an Orten und in Situationen sprechen, wo Erwachsene keine Gnade für haben. Ich fragte sie: „Ist es ok für dich, wenn sie für dich betet?"

„Sicher, das wäre toll!", stammelte Nancy, immer noch schockiert.

Haley legte ihre Hand auf Nancy und setze das Feuer Gottes nach Art einer Neunjährigen frei. Es war einfach wunderbar. Sie betete: „Herr, ich bete, dass Du ihr mit Deiner Freude begegnest, wo sie traurig ist…" Sie sprach ein komplettes Gebet mit exakt den Worten, die Nancy brauchte. Innerlich schrie ich „JA!!". Ich sagte kein Wort. Ich brauchte es überhaupt nicht. Haley hatte perfekt gebetet. Ich wusste, ihre Worte waren genau richtig. Der Heilige Geist hatte sie kraftvoll gebraucht, um Seine Liebe dieser gebrochenen Frau zuzusprechen. Ich brauchte absolut nichts mehr hinzufügen.

Als Haley fertig war, meinte Nancy nur: „Ihr seid wegen mir hergekommen." Es fehlten ihr die Worte. Sie sagte noch einmal: „Ihr seid nur wegen mir hergekommen! Vielen herzlichen Dank!" Lächelnd erklärten Haley und ich ihr, dass wir sie sehr gern hätten und segneten sie. Dann gingen wir aus dem Laden und schrien: „Jaaa! WOW!" Was für ein Abenteuer mit dem Heiligen Geist!

Als wir unseren Freudenausbruch beendet hatten, sagte ich: „Haley, weißt du was das beste Muttertagsgeschenk auf der ganzen Welt ist?"

„Was denn?", fragte sie.

„Dass du auf den Heiligen Geist gehört hast!"

Wir alle sind aufgefordert, zu hören und Seiner Stimme zu folgen – nicht nur die Erwachsenen, sondern auch die Kinder.

10. KAPITEL

In Gottes Gunst leben

Von Dawna DeSilva

Seit einiger Zeit erlebe ich eine wunderbare Zeit der Gnade und Gunst Gottes in meinem Dienst.

Ich bin sicher, vieles davon hat weniger mit meiner Großartigkeit zu tun (wobei ich damit nicht sagen möchte, dass ich daran keinen Anteil habe), sondern mehr mit der Tatsache, dass ich einfach mit der Bethel Gemeinde hier in Redding verbunden bin. Die Gunst Gottes zeigt sich oft in den Zeiten, wenn Gott sich sichtbar bewegt, dann kann man leicht überheblich werden. Wenn ich herumreise, erkennen mich manchmal Menschen, halten mich an, umarmen mich und sagen: „Du meine Güte- ich hab dich auf deinen Videos gesehen. Ich habe dich sprechen gehört. Ich kenne dich! Du bist wunderbar!"

Manchmal ist das sehr lustig. Einmal saß ich im Flugzeug und ging zur Toilette. Ich bin ein bisschen länger dort drinnen geblieben, als man es normalerweise im Flugzeug tut, weil ich Bauchschmerzen hatte. Schließlich dachte ich: *„Ok, ich geh doch besser hier raus!"*

Als ich aus der Tür kam, hörte ich, wie jemand meinen Namen rief, „Dawna, Dawna DeSilva." Es war eine der Flugbegleiterinnen. Ich überlegte, oh, ich bin so lange im Waschraum gewesen, vielleicht hat sie auf der Passagierliste nachgesehen. Aber sie fuhr fort: „Ich habe Sie gesehen! Ich kenne Sie! Sie sind die Sozo- Lady[26]!"

„Ja", lachte ich, „ich bin die Sozo- Lady. Schön Sie zu sehen!" Ein anderes Mal, nachdem ich in einer Stadt einen Vortrag gehalten hatte, kam ein Mann zu mir. Er nahm meine Hände und fing an: „Sie haben mein Leben verändert! Sie sind so wunderbar! Ich habe Ihnen einfach mein Herz ausgeschüttet und dann hat Gott sich gezeigt!" In der ganzen Zeit, in der der Mann die Geschichte seiner Befreiung erzählte, versuchte ich mich daran zu erinnern, wer er war. Obwohl ich tausende von Menschen treffe, erwartete ich von meinen grauen Zellen, dass sie in die Gänge kamen und mich von dieser peinlichen Stille erlösten. Aber es kam nichts. Scheinbar konnte man das an meinem Gesicht ablesen, denn schließlich fragte er niedergeschlagen: „Sie erinnern sich nicht an mich, oder?"

Ich musste mich schnell entscheiden: Lüge oder Wahrheit. Im Bewusstsein, dass Lügen normalerweise nicht so

---

26 Sozo ist der Dienst für innere Heilung und Befreiung von Bethel, und ich bin die Gründerin und Co-Leiterin dieses inzwischen internationalen Gebetsdienstes. Das griechische Wort „Sozo" bedeutet „gerettet, geheilt, befreit".

gut laufen, wählte ich die Wahrheit. „Es tut mir so leid, aber ich kann mich nicht erinnern."

Seine Frau boxte ihn gegen die Schulter und meinte: „Sie hat dich doch nie getroffen, Dummerchen! Du hast ihre Aufnahmen gesehen!". Er hatte in der Tat so viele unserer Sozo- und Lehr- DVDs gesehen, dass es sich für ihn so anfühlte, als würde er mich wirklich kennen. Er glaubte sogar, dass ich ihm persönlich gedient hatte, weil Gott ihn geheilt und freigesetzt hatte, als er sein Herz auf meine aufgenommenen Worte hin ausgeschüttet hatte. Gott hatte mich, ohne dass ich es wusste, gebraucht, um diesen Mann zu befreien!

So kann die sichtbare Gunst Gottes aussehen!

Aber was passiert, wenn du dir sicher bist, in deiner Lebensberufung zu stehen, und es so scheint, als könntest du die Welt verändern - aber nichts ändert sich? Was, wenn du eine Vision bekommst und eine Gruppe von glaubwürdigen Menschen sie bestätigt- „Ja, Gott möchte, dass du hingehst und dieses Buch schreibst!"- und du schreibst das Buch, aber keiner kauft es? Was ist, wenn jemand ein prophetisches Wort für dich hat und du dein Handeln danach ausrichtest, aber keiner beachtet in irgendeiner Weise, was du tust? Selbst ein geringer Widerstand wäre besser als das!

Ich rede nicht davon, dass man einfach herumsitzt und hofft, dass die Gunst Gottes ohne jeglichen persönlichen Einsatz auf einem landen wird. Ich rede auch nicht davon, dass jemand das prophetische Wort bekommt, dass er Präsident der Vereinigten Staaten werden soll und dann sich die nächsten vier Jahre auf dem Shasta Lake treiben lässt. Kein Präsidenten-Talent-Jäger wird diese Person auf dem Shasta Lake (See bei Redding) suchen, selbst wenn der Talentsucher zufällig nach Redding kommen sollte, um uns hier in Bethel zu besuchen. Eine Person, die ein solches Wort bekommt, müsste studieren und danach in der Regierung Fuß fassen, um Erfahrungen zu sammeln. Diese Person müsste etwas mit dieser Vision *tun*, damit sie erfüllt würde. Das nennt man „verwalten" einer Vision oder eines prophetischen Eindrucks.

Vielmehr möchte ich über die Person reden, die das gleiche Wort bekommt und es in ihrem Geist brennt, wie etwas noch nie vorher gebrannt hatte.

Das muss richtig sein. Ich weiß, dass ist genau das, was ich tun sollte. Sie macht ein Studium und bringt sich in politischen Organisationen ein. Nur geht es dann damit weiter, dass sie jeden einzelnen politischen Wettbewerb verliert, an dem sie teilnimmt. Jahrelang! Sie schafft es noch nicht einmal, in den örtlichen Schulaufsichtsrat gewählt zu werden. Was läuft da verkehrt? War es ein falsches Wort, was sie bekommen hatte? Hat jemand einen Fehler gemacht? Wenn ein Mensch mit Gott geht, sollte es doch einfach funktionieren, oder?

Wenn scheinbar nichts passiert, stellen wir uns alle möglichen Fragen: Wie können wir beurteilen, ob wir uns in unserer himmlischen Bestimmung befinden oder nicht? Wodurch legt sich die Erfüllung eines Wortes oder eines Rufes fest? Wie können wir uns vor den heimtückisch aufgestellten Fallen des Versagens schützen-oder auch vor vermeintlich empfundenem Versagen? Wenn wir uns ansehen, was wir für unsere Bemühungen tun müssen und uns mit anderen vergleichen, wie können wir es vermeiden, dass uns Gefühlen von Neid oder Scham beschleichen? Oder, wenn Erfolg endlich sichtbar wird, wie können wir es vermeiden, selbstsüchtige Ambitionen zu entwickeln?

Zwei Extreme

C.S. Lewis schreib einmal: „Der Feind sendet uns Ablenkungen immer paarweise... und er baut darauf, dass sie uns jeweils so zuwider sind, dass uns die Eine zu der Anderen treibt."[27] Wenn wir unseren Träumen, unserem Ruf und unserer Bestimmung nachgehen und an jeder Ecke abgeblockt werden, dann werden wir sehr leicht entmutigt, hoffnungslos und bitter gegenüber denen, die scheinbar alle Gunst Gottes „horten".

Das andere Extrem kommt genau dann zum Tragen, wenn wir gerade unseren Durchbruch erleben, unsere Träume ausleben und das Endziel voll im Blick haben. Genau dort versucht der Feind uns in Richtung Selbstsucht, Arroganz und Stolz zu ziehen. Ich glaube inzwischen, dass beide Extreme dieser Ablenkungen scheinbar am selben Strang unseres Herzens ziehen- es sind verschiedene Seiten des gleichen Themas: menschliche Gunst.

Wenn wir uns fühlen, als hätten wir etwas verpasst, dann kommt ein großer Teil unserer Betroffenheit daher, dass wir meinen, uns sei menschliches Lob oder Anerkennung verloren gegangen. Wir fühlen uns wertlos, weil scheinbar keiner unseren Wert und unsere Bemühungen zur Kennt-

27 C.S. Lewis, *The Complete C.S. Lewis Signature Classics* (New York: HarperCollins, 2002), 150.

nis genommen hat. Wir sind abgelenkt von der Stimme Gottes, weil die Stimmen innerhalb unseres Kopfes, die unsere Wertschätzung aus dem Belohnungssystem der Welt ziehen wollen, so hartnäckig in uns schreien. „*Sie nehmen dich nicht wahr. Du warst nicht gut genug, um ausgewählt zu werden. Du musst dich mehr anstrengen. Siehst du - nur sie haben Gottes Gunst…*"

Andersherum, wenn wir fühlen, dass wir auf dem Gipfel der Welle des Erfolgs reiten und Gottes Gunst in Übereinstimmung mit dem Wohlwollen der Menschen gekommen ist, dann kommen unsere Ablenkungen immer noch von der Tendenz, ein bisschen zu viel Wert darauf zu legen, was andere Leute über uns denken oder sagen. „*Diese Menschen finden mich toll? Dann muss es wohl so sein! Moment- ich möchte nicht aus Stolz heraus handeln. Wo ist mein Friede hin? Was denken die Leute über mich? Lebe ich so, wie die anderen es von mir erwarten?*

Wir lassen uns so schnell von diesem inneren Konflikt gefangen nehmen, und versuchen, zwischen diesen beiden Extremen zu leben. Aber es ist schwer für uns, mit den Umständen, in denen wir uns befinden, zufrieden zu sein, solange wir unfähig sind, von menschlichem Lob wegzusehen und unsere Aufmerksamkeit auf Gottes Wahrheiten über uns zu richten. Paulus spricht das in seinem Brief an die Gläubigen aus Philippi an:

„*Nicht, dass ich es des Mangels wegen sage, denn ich habe gelernt, mich darin zu begnügen, worin ich bin. Sowohl erniedrigt zu sein, weiß ich, als auch Überfluss zu haben, weiß ich; in jedes und in alles bin ich eingeweiht, sowohl satt zu sein als auch zu hungern, sowohl Überfluss zu haben als auch Mangel zu leiden.“* (Phil. 4,11-12, Elberfelder).

Es ist klar, dass Paulus sich nicht von Umständen hat leiten lassen. Manchmal waren die Menschen überzeugt, er sei wie ein Gott, und wollten ihn anbeten. Zu anderen Zeiten hat er unter schweren Verletzungen gelitten. (Lies mal Apostelgeschichte 14, wo beide Extreme in dem gleichen Kapitel vorkommen.) So wie Paulus muss auch jeder von uns lernen, wie wichtig ist es, dazwischen zu leben.

Es ist wichtig zu erkennen, dass das Leben in einer Kultur wie der unsrigen die Probleme verstärken kann. Heutzutage wird alles beurteilt: Daumen hoch- Daumen runter. Es sieht so aus, als wären wir ein absoluter Niemand, wenn wir nicht in irgendeiner Sache besonders gut sind. Wenn wir nicht großartig sind, sind wir nicht gut genug. Das Problem ist, dass diese Art von Gunst total menschlich ist, und der Feind liebt es, das auszunutzen. Er flüstert uns zu, sowohl wenn es uns gut geht, als auch wenn es uns schlecht geht. Er ist derjenige, der uns ins Selbstmitleid, in die Opferrolle, die Arroganz, die Rechtfertigung und all diese Dinge zieht. Und wir scheinen diesen Ablenkungsmanövern sehr bereitwillig Glauben zu schenken.

Eines Tages, während ich gerade im Auto fuhr, heulte ich dem Herrn Jesus etwas vor: „Gott, wie kann das sein, dass alles mit Kämpfen daher geht? Arbeite ich nicht hart genug? Ist meine Leistung so unterdurchschnittlich? Bin ich von Deinem Blick und Deiner Gunst abgeschirmt?“

Und der Herr sprach klar zu meinem Herzen und sagte: „Menschliches Wohlwollen ist kein Beweis für meine

Liebe zu dir. Und genauso ist auch umgekehrt die Missgunst der Menschen kein Zeichen dafür, dass ich deinen Lebensplan nicht unterstütze!"

Fast hätte ich das Auto angehalten. Was für eine Offenbarung!

Gott so sehen wie Er wirklich ist

Stellen wir uns einmal vor, ich hätte ein Buch geschrieben und es würde sich nicht wirklich gut verkaufen. Ich dachte, ich hätte es auf Gottes Anweisung hin exzellent geschrieben. Andere Bücher von bisher unbekannten Autoren laufen wunderbar- die Autoren verkaufen sie tonnenweise. Nehmen wir zum Beispiel „Die Hütte". Das Buch war ein Bestseller, obwohl niemand etwas von diesem Autor gehört hatte, bevor er das Buch veröffentlicht hatte. Oder die Harry Potter Serie- was für ein grandioser Erfolg, und das hat noch nicht mal lebensspendenden Charakter. Und dann ist da mein Buch. Es ist lebensspendend und lebensverändernd, und keiner kauft es. Ich verschenke es nur. *„Gott, ich dachte, dieses Buch zu schreiben war Dein Ruf für mein Leben…"*

Doch Gott erinnert mich: „Von Menschen verschlossene Türen bedeuten nicht, dass das hier nicht der Ruf für Dein Leben ist!"

Wenn wir das nicht verstehen, sollten wir vorsichtig sein! Selbstsüchtiger Ehrgeiz wird sich einen Weg bahnen und uns anstacheln, uns neue Strategien auszudenken, um mehr Bücher zu verkaufen. Dieser Ehrgeiz sagt Dinge wie: „Ich kann dir zeigen, wie man zu einer wichtigen Person wird. Du klopfst nicht an genug Türen. Keiner wird für dich das Spiel gewinnen. Du wirst zurückgehalten. Du musst einen Weg finden, um zu beweisen, dass du es wert bist, unterstützt zu werden!" Wenn wir auf diese Stimmen hören, dann handeln wir aus einer Partnerschaft mit dem Geist der Armut oder dem Geist der Waisen heraus („ich habe ja nichts, und keiner kümmert sich um mich"), und verbünden uns mit Stolz und falsch verstandener Selbstständigkeit („ich werde mich da durch kämpfen; ich werde allen beweisen, die mich nicht unterstützen, dass ich ein Gewinner bin"). Beide Extreme sind Sünde, weil keine von ihnen Gott so sieht, wie Er wirklich ist. Und beide Extreme blicken durch eine menschliche Brille auf die Umstände.

Wenn ich Gott so sehe, wie Er ist, dann erinnere ich mich daran, dass ich klein bin und trotzdem bekomme ich ein Gespür für Seine Liebe für mich und den Wert, den ich dadurch habe. Er ist ein Gott, der bedingungslos liebt und Er hat dich geliebt und dir die Aufgabe gegeben, genau die (und nur die) Person zu sein, wie Er dich geschaffen hat. Du sollst nicht versuchen, jemand anderen nachzuahmen. Wenn du das bedenkst, während du in Verführungen und Ablenkungen gerätst, dann wirst du in der Lage sein, dich von ihnen zu Gott treiben zu lassen, anstatt zu den entgegengesetzten Kräften. Frage Ihn: „Was denkst *Du* darüber?" Und dann hör hin, was Er über dich und zu dir sagt. Seine Perspektive ist die Einzige, die Leben bringt.

Wir lesen im Lukasevangelium, dass Jesus in der Gunst Gottes und der Menschen zunahm (siehe Lukas 2, 52). Ich habe jahrelang gebetet: „Gott, kannst Du mich bitte in Deiner Gunst und der der Menschen wachsen lassen?" Ich habe ein bestimmtes Maß an Gunst bei den Menschen. Eine Flugbegleiterin erkennt mich, ein Mann kennt mich von meinen DVDs und einige Leute haben gefragt, ob sie mich einmal berühren dürften. Trotzdem bringt mich das Schwelgen in diesem Wohlwollen der Menschen in eine genauso gefährliche Lage, wie das Gefühl, verlassen zu sein. Der Feind nutzt mein Interesse an menschlichem Angesehen sein in beide Richtungen zu seinem Vorteil. Ich muss lernen, wie ich in Demut mitten im menschlichen Wohlwollen leben kann und trotzdem auf Gottes Gunst ausgerichtet bleibe, und dabei alle Ablenkungsmanöver zurückdrängen, die sich mir aufzwingen.

Beim Vater gibt es keine Waisenkinder

Eines unserer größten Probleme ist das Denken, dass unsere Umstände größer sind als Gott. Wenn wir so denken, neigen wir leicht zu dem Glauben, dass Gott unsere Situation gar nicht bemerkt hat. Wir müssen solche Gedanken auf jeden Fall sofort gefangen nehmen und den Waisengeist dahinter entlarven.

Mit dem *Waisengeist* meine ich nicht unbedingt einen tatsächlichen Dämon mit dem Namen *Waise*.

Ich beziehe mich hier auf *Geist* im Sinne einer vorherrschenden Weltanschauung oder eines Herrschers oder einer Macht der Lüfte, wie sie in Epheser 6 angesprochen wird. Genauso, wie man gegen Dämonen kämpft, besiegt man auch diese Arten von Geistern, indem man sie beim Namen nennt: *Waisengeist, Armutsgeist, Geist der Angst,* oder was auch immer. Du kannst den richtigen Namen eines Geistes herausfinden, indem du beurteilst, welche Art von Vorstellung und Empfindung in deinen Gedanken überwiegt, deine Handlungen beeinflusst und zu den irrtümlichen Annahmen führt, die kennzeichnend und grundlegend sind für deine Sicht auf die Umstände. Du wirst die Bezeichnung *Waisengeist* oder *Armutsgeist* nirgendwo so in der Bibel finden, aber mit Sicherheit findest du Hinweise für die Denkweise der Armut oder die Fingerabdrücke eines Waisengeistes. Denk einfach an *Geist* als Substantiv und *Waise oder verwaist sein* als Adjektiv. Wenn Du durch einen Waisengeist beeinflusst wirst, dann ist *verwaist* das Merkmal oder die Qualität, die sich in Deinem Leben widerspiegelt.

Ein Waisengeist führt zu Gefühlen von Vaterlosigkeit und Elternlosigkeit. Ganze Länder können unter einem Waisengeist leben. Er erzeugt ein Empfinden von Heimatlosigkeit, Verlassenheit und Schutzlosigkeit, so dass die Menschen das Gefühl haben, sich dringend selber beschützen zu müssen. In der Tat wird es auch kein anderer tun, weil aus der Sicht des Waisengeistes heraus alle anderen Leute auch Waisen sind oder zu einer Familie gehören, zu der „die Waisen" niemals dazugehören können.

Um einen Waisengeist zu besiegen, kannst du dich nicht einfach zu ihm umdrehen und ihm das Recht, in deinem Leben zu existieren, verweigern. Du musst es aussprechen! Du musst die Lüge ans Licht bringen, dass dein Vater im Himmel dich verlassen hat. Dann proklamierst du die Wahrheit, dass Er sich immer um dich kümmern wird - ohne Ausnahme! Selbst wenn deine Umstände dieselben bleiben, hältst du dich an der Gültigkeit Seiner umsichtigen Fürsorge und kraftvollen Versorgung fest. Schmiege dich in Seinen liebenden Arm. Es ist so viel besser, in dem Bewusstsein der Gunst deines Vater-Gottes zu leben, als dir ständig Sorgen über das Wohlwollen der anderen Menschen zu machen!

Die Wolke der Zeugen

In Gottes Gunst zu leben, bedeutet automatisch, dass Du das Wohlwollen einiger Leute genießen wirst, weil Du das Wohlwollen von denen hast, die auch gelernt haben, in Seiner Gunst zu leben. Selbst wenn Du solche Leute um Dich herum nicht erkennst, sind sie immer da:

> *„Deshalb lasst nun auch uns, da wir eine so große Wolke von Zeugen um uns haben, jede Bürde und die uns so leicht umstrickende Sünde ablegen und mit Ausdauer laufen den vor uns liegenden Wettlauf indem wir hinschauen auf Jesus, den Anfänger und Vollender des Glaubens, der um der vor ihm liegenden Freude willen die Schande nicht achtete und das Kreuz erduldete und sich gesetzt hat zur Rechten des Thrones Gottes." (Hebr. 12,1-2, Elberfelder).*

Sie feuern dich an, während du das Rennen läufst, das Er dir bereitet hat. Und der Eine, der den Schmerz und die Demütigung der Kreuzigung ertragen hat, steht auch hinter dir. Wenn du stolperst oder fällst, hilft Er dir wieder auf. Es ist durch und durch eine Liebesbeziehung und das ist die einzige Gunst, die wir wirklich brauchen.

Ich denke an die Wolke der Zeugen, wenn ich mich in einem Kampf befinde. Wenn ich mich mit Problemen und Ängsten herumschlage und mich frage, ob Gott immer noch für mich ist, dann kann ich mich an die Treue derer erinnern, die vor mir gegangen sind und ich kann fast hören, wie sie mich ermutigen: „Lauf! Lauf! Lauf!“. Ihre Zustimmung zeigt mir, dass alles wieder in Ordnung kommen wird und mein Lauf gut enden wird, wenn ich die Augen meines Geistes auf Gott selbst ausgerichtet lasse.

Einmal, als ich mit jemandem chattete und er sagte: „Weißt du, wenn ich in den Himmel komme, werde ich Gott alle meine Fragen stellen. Dann werde ich herausfinden, warum Er bestimmte Dinge hier auf der Erde getan hat.“ Ich wurde plötzlich sehr leise. „Was hast du?“, fragte er. Ich antwortete: „Ich mache mir mehr Gedanken über die Fragen, die Er mir stellen wird, wenn ich dorthin komme.“ Ich habe das nicht aus einer Angst vor Fehlern heraus gesagt, sondern mehr aus der Perspektive möglichen Bedauerns. Werde ich dorthin kommen und herausfinden, wer ich hätte sein können, wo ich hätte hingehen können und was ich hätte für Ihn und mit Ihm tun können?

Ich nehme an, es gibt keinen einzigen Menschen auf der Welt- außer Jesus selbst- der jeden Aspekt seiner Bestimmung ganz erfüllen kann. Perfektion ist auch nicht das Ziel. Aber mit Ihm zu träumen ist es- *mit Ihm*! Es ist eine Liebesbeziehung die kein Ende hat. Was wäre, wenn wir das Ausleben dieser Liebesbeziehung zu unserer Grundbestimmung machen würden? Dann würden wir alles vor diesem Hintergrund betrachten können und alle Ablenkungen würden uns nicht in ihren Griff bekommen.

Was wäre, wenn wir Dinge wie Ablehnung, Scham, Angst, Leistungsdenken, Perfektionismus, Bitterkeit und Neid wirklich ablegen könnten? Was wäre, wenn wir uns unserem Herrn gegenüber würdig verhalten würden-sowohl wenn wir Gnade erfahren, als auch wenn es uns vorkommt, als würde uns jegliche Gunst vorenthalten?

Was wäre, wenn...

„Wenn aber Gott, willens, seinen Zorn zu erweisen und seine Macht zu erkennen zu geben, mit vieler Langmut die Gefäße des Zorns ertragen hat, die zum Verderben zubereitet sind, und wenn er handelte, damit er den Reichtum seiner Herrlichkeit an den Gefäßen des Erbarmens zu erkennen gebe, die er zur Herrlichkeit vorher bereitet hat, nämlich an uns, die er auch berufen hat, nicht allein aus den Juden, sondern auch aus den Nationen." (Röm. 9,22-24, Elberfelder)

Was wäre, wenn...

Was wäre, wenn jeder von uns den Rest seines Lebens in dem Glauben leben würde, dass wir mit Gerechtigkeit bekleidet sind, uns vergeben ist und wir in jeder Hinsicht erlöst sind und so innig von unserem Vater im Himmel geliebt sind, dass es vollkommen egal ist, was andere Menschen von uns denken? Wir könnten tatsächlich die Welt verändern!

Gebete

Jesus, danke für Deine Gegenwart, die mich umgibt. Ich weiß, dass Dein Herz dafür schlägt, Menschen freizusetzen, deshalb bitte ich Dich, dass Dein Heiliger Geist mich leitet während ich bete. Ohne Deine Salbung bleiben die Worte leer, aber mit Deiner Salbung tragen sie Deine Kraft und Freiheit. Lass mein Herz mit Deinem schlagen! Ich liebe Dich, Herr. Amen.

Geist Gottes, ich möchte in Deine Gegenwart eintauchen, so dass mein Geist sich ausweiten kann. Ich möchte mehr von Dir. Ich spreche zu meinem eigenen Geist und sage ihm: „Wach auf!“. Füll meinen Geist mit Deinem Geist, bis all der Müll in mir hinausgeworfen ist. Ich möchte lernen, Deine Stimme besser

zu hören und ich möchte, dass sie einen Unterschied in meinem Leben macht.

Im Namen Jesu trenne ich mich von allen anderen Stimmen (Angst, Verdammnis, Schuld, Wertlosigkeit und anderen) und richte meine Aufmerksamkeit ganz auf Deine Stimme. Du machst alles neu und ich bin Dir für immer dankbar. Amen.

Herr, bitte erinnere mich im Laufe des Tages immer wieder daran, meine Gedanken zu schützen und sie Dir zu unterstellen. Geist der Wahrheit, gib mir geistliche Augen, um die Strategien des Feindes zu enttarnen. Öffne mir die Augen für die Dinge, die geschehen, damit ich nicht in alte Denkmuster verfalle. Zeige mir, wie ich die ganze geistliche Waffenrüstung und all die Hilfsmittel, die Du mich gelehrt hast, benutzen kann-inklusive der Vergebung.

Herr, ich habe mich entschieden, der Person zu vergeben, die mir jetzt gerade in den Sinn kommt. Ich fühle die Ungerechtigkeit dieser vergangenen Situation und ich fühle mich gedrängt, daran festzuhalten. Diese Person weiß noch nicht einmal, dass er/sie mich verletzt hat. Es ist nicht leicht zu sagen: „Ich vergebe ", aber ich will es sagen. Bitte vergib Du mir, dass ich Dinge gegen ihn/sie hochgehalten habe. Ich bereue, dass ich das getan habe. Ich setze diese Person frei für Deine liebende Fürsorge. Ich segne sie/ihn mit jedem Segen-Segen in Beziehungen, finanziell, gesundheitlich und in geistlicher Stärke. Ziehe diese Person näher zu Dir. Danke für Deine Vergebung und Deine Liebe. Danke, Herr Jesus. Amen.

Bewahre mich davor, meine Augen von Deinem Kreuz zu nehmen. Es bedeutet Erlösung für mich und alle, die Deinen Namen anrufen, Jesus. Bewahre mich davor, in irgendeiner Weise umzukehren zu der Person, die ich einmal war. Hilf mir dabei, anderen Menschen immer wieder schnell zu vergeben. Selbst wenn sie nichts Falsches getan haben, ich mich aber im Unrecht gefühlt habe, dann bewahre mich davor, Vergebung zurückzuhalten. Ich entscheide mich, zu vergeben und ich bitte Dich, meine Beziehungen reinzuwaschen.

Ich weiß, dass das ein Schlüssel zur Freiheit ist. Ich kenne das Gefühl, gefangen zu sein in Unvergebenheit und ich kenne auch das Geräusch des Schlüssels, wenn die Tür meiner Zelle sich öffnet- der Moment, wenn ich sage „Ich vergebe ihm" oder „ich vergebe ihr" oder „ich vergebe ihnen".

Nimm von mir jegliche schulderzeugende Verdammnis, die meinen Geist beschmutzt. Gieß Deinen schmerzlindernden Frieden aus in meinen aufgewühlten Verstand und mein Herz. Vergib mir, wo ich versucht habe, aus eigener Kraft die Dinge niederzuringen, die Du aus meinem inneren Sündenregister löschen wolltest. Ich breche das Leistungsdenken, das mich dazu drängt, Deine Liebe und Bestätigung verdienen zu wollen. Ich bitte Dich, dass Du mich mit all den Dingen füllst, die der Feind versucht, mir zu stehlen.

Ich spreche meinem Geist Glaube, Hoffnung und Liebe zu. Ich spreche ihm auch Mut zu, zusammen mit der Fähigkeit, die Güte Gottes zu empfangen. Wie wunderbar Du bist! Ich werde Dich immer lieben! Amen.

Vater, mit Paulus' Gebet für die Epheser als Leitfaden, möchte ich die Wahrheiten auflisten, die für mich als dein Kind gelten:

- *Mir ist vergeben.*

- *Ich bin heilig.*

- *Ich bin gerechtfertigt.*

- *Ich bin unfassbar geliebt. (Wenn Du mich siehst, dann siehst Du Deinen Sohn Jesus.)*

- *Ich bin nach Deinem Bild geschaffen und ich bin Dein Augapfel. Ich bin liebenswürdig.*

- *Ich bin wichtig. Ich bin unvergleichlich.*

- *Ich habe Zugang zu Christus. (Ich sitze in himmlischen Orten mit Ihm, der alle Dinge unter Seinen Füßen hat, und Er sitzt zu Deiner Rechten und hält Fürbitte für mich.)*

- *Ich habe Deinen Geist der Weisheit und Offenbarung, so dass ich Dich besser kennenlernen kann.*

- *Ich habe die Fülle Deiner Herrlichkeit und Gnade.*

- *Ich bin beschützt, beschirmt und bedeckt.*

- *Ich bin die Braut Deines Sohnes und Er umgibt mich mit Liebe.*

- *Ich bin durch Deinen Heiligen Geist in alle Ewigkeit versiegelt.*

Das ist meine Identität. Das bin ich. Da heraus handle ich. Aus diesen Wahrheiten heraus nehme ich meine Position im Glauben ein. Mit Dir verbunden. Amen.

Vater Gott, Du bist mein wahrer Vater. Ich bete, dass Du mir die Möglichkeit gibst, in ein tieferes Bewusstsein Deiner Liebe für mich zu kommen. Ich möchte mein Leben im Licht Deiner bejahenden Liebe leben.

Du hast mir einiges von dem gezeigt, wie Menschen- sogar meine eigene Familie- mich bezeichnet haben und mir ein verzerrtes Glaubensmuster vorlebten. Vieles von dem, was ich glaube, ist fehlerhaft und ich fange gerade erst an, das zu erkennen. Ich bitte Dich, dass Du mir hilfst, zwischen Deiner Wahrheit und all den anderen Einflüssen zu unterscheiden. Gib mir Weisheit, mit ihnen richtig umzugehen. Hilf mir dabei, die Lügen abzulegen und sie mit Deiner lebendigen Wahrheit zu ersetzen.

Ich spreche jetzt zu den tief verinnerlichten Lügen, die sich in meinem Geist, meiner Seele und meinem Körper eingenistet haben. Ich sage „nein" zu allem, was den Blick meines Herzens von Jesus wegzieht. Mit jeder Faser meines Seins will ich Deine Herrschaft anerkennen und Dich anbeten und danken für Deine Fürsorge und Wachsamkeit, nicht nur über mich, sondern auch über alle Deine anderen Kinder.

Ich kann Dir niemals zurückzahlen, was Du getan hast. Ich kann Dir nur jeden Tag meines Lebens dichter folgen, wenn Du mir zeigst, wie ich Dir hinterhergehen kann. Jesus ist mein Herr. Amen.

Jesus, ich habe einer Lüge geglaubt. Ich habe geglaubt, dass die Gunst anderer Menschen der Beweis für Gottes Liebe ist und ich bereue das jetzt. Ich übergebe Dir meinen Neid, Eifersucht, selbstsüchtige Ambitionen, Konkurrenz und Leistungsdenken, Perfektionismus und ich bitte Dich, Heilige Geist, mir beizubringen, wie Gottes Gunst aussieht.

Vater Gott, ich übergebe Dir heute alle Überreste des Waisengeistes. Ich gebe Dir jeden Gedanken, der der Wahrheit widersteht, dass ich durch Dich geliebt bin und dass ich durch Christus von Dir akzeptiert bin und den Stempel Deiner Anerkennung auf meinem Leben habe. Ich sage zum Selbstmitleid: „Hör auf!“. Ich sage zum Geist der Opferrolle: „Halt!“. Vater Gott, berühre mich mit Deiner Liebe.

Ich bitte Dich jetzt, dass Du durch Deinen Heiligen Geist den Ort einnimmst, von dem mein Verständnis von Dir und meine Gedanken darüber, wie Du mich siehst, herkommen. Ich bete, dass Du meine Denkweise vereinnahmst und die Kernwerte, auf die meine

Reaktionen gegründet sind. Bitte breche alle ungöttliche Glaubensmuster, so wie man Zweige von einem Baum abbricht, und ersetze den ganzen Baum des Unglaubens durch einen Glaubensbaum.

Ich möchte frei von Ablehnung sein, frei von Angst, frei von Neid, Eifersucht und selbstsüchtigen Ambitionen. Ich möchte in der Lage sein, auf eine neue Art zu denken. Deine Art. Ich möchte in dem Wissen wachsen, dass ich wahrhaftig von meinem Vater geliebt bin und ich bete, dass der Waisengeist in meinem Herzen kein Gehör mehr findet. Ich möchte so verliebt in Jesus sein, dass ich genauso werde, wie das prophetische Wort, das ich ausspreche. Jawohl! In Jesus Namen, Amen!

Vater ich bete zu Dir durch Deinen Sohn und durch die Kraft Deines Heiligen Geistes. Ich bete, dass dein Königreich alles um mich herum verwandelt und der Himmel hier auf der Erde sichtbar wird.

Ich spreche himmlische Offenbarung für Erfindungen, Strategien und Ideen in mein Umfeld hinein, die zu Antworten auf Fragen und Bedürfnisse meiner Umgebung werden. Ich bete, dass sich Leiter entwickelt, die neue Ideen und geheiligte Kreativität fördern. Ich spreche den Gläubigen in meinem Umfeld Freiheit zu, neue Aspekte des Königreiches zusammen mit dem Heiligen Geist zu entdecken.

Ich bitte um Vergebung für meine Armutsmentalität, mein Unabhängigkeitsdenken und meine Hoffnungslosigkeit. Ich richte meinen Blick auf Dich, damit ich Mut bekomme, Risiken einzugehen und das Gespür entwickeln kann, Möglichkeiten zu erkennen, die Du mir auf den Weg gelegt hast. Wenn ich meinen Geist mit Deinem eins mache, weiß ich, dass Du mich mit Gnade, Segnungen und Wachstum übergießt, damit ich meinen Teil dazu beitragen kann, dass der Himmel auf die Erde kommt und das Evangelium Jesu Christi vorankommt.

Ich habe völlig freien Zugang zum König. Freien Zugang! Und der König hat freien Zugang zu mir.

Erforsche mich, Gott und erkenne mich. Such mich, erkenne mich und leite mich. Ich weiß, dass ein größerer Zugang Hand in Hand mit tieferem Wissen geht. Ich kann weiter in Dein himmlisches Königreich hinein kommen, wenn ich Dich kenne. Du kannst weiter zu mir durchdringen, wenn ich mich Dir öffne.

Erforsche mich voll und ganz, mächtiger Gott. Komm in meinen Geist und meinen Verstand und wohne in mir. Leite mich auf Deinen ewigen Wegen.

Heiliger Geist, ich heiße Dich willkommen als einen überwindenden Geist, einen hoffnungs-bringenden Geist, einen Visions-erweckenden Geist. Stärke mich in meinem Innersten, damit ich mit neuem Mut und Entschlossenheit hinausgehen kann. Hilf mir, einen weiten Blick zu behalten, um über die Umstände hinaus zu sehen und hinter das Verhalten anderer Menschen- um mit den Augen des Glaubens zu sehen.

Ich bete nicht nur für ein Bewusstsein Deiner Gunst, sondern auch für spürbares Wohlwollen bei anderen Menschen. Ich bete für gute Beziehungen mit anderen, besonders mit den Mitgliedern meiner eigenen Familie. Erweitere meine Beziehungen und leite mich an, sodass ich rechtschaffene Liebe und göttliche Weisheit in jede Verbindung mit einer anderen Person bringen kann.

So wie Du mir meine Bestimmung gezeigt hast und mir geholfen hast, darin zu leben, bete ich, dass Du auch anderen zeigst, was Du Dir für ihr Leben vorstellst. Ich spreche die Namen meiner Lieben aus, weit und fern, und ich fordere für sie himmlische Begegnungen ein. Mögen zahlreiche Engel um sie herum sein! Mögen einige von ihnen laute Stimmen für ihre Generation sein, die den weltlichen Botschaften von Anspruchsdenken und Selbstgenügsamkeit entgegentreten.

In Jesus wundervollem Namen. Amen.

Vater Gott, was hat mich festgehalten und unfähig gemacht, die Träume zu verfolgen, die Du mir gegeben hast? Würdest Du mir eine Zeit des Durchbruchs geben und mir helfen, meine Identität zu finden und die alten Blockaden beiseite zu räumen?

Wühle Du in meinem Herzen und Verstand alles auf, was Du heute mit mir ansprechen möchtest und hilf mir, Deine Stimme zu hören. Ich lege meine Enttäuschungen ab, meine offenen Fragen und meinen schwelenden Schmerz über zerbrochene Beziehungen. Ich lade Dich ein, in mein Herz und meinen Verstand hinein zu kommen. Stelle Du mich wieder her und befähige mich, Deine Vision für mein Leben zu suchen. Gib Du mir klare Pläne, die ich in die Realität umsetzen kann.

Mehr als alles andere wünsche ich mir die Freiheit, Deiner Liebe zu folgen. Ich glaube, dass Du das auch für mich möchtest. Und ich bin dankbar für die Hilfe und Hoffnung Deines Heiligen Geistes. Ich lobe Deinen heiligen Namen, Amen.

Heiliger Geist, ich liebe Dich. Danke Herr, dass Du jede Kette zerbrichst. Danke, Gott, dass ich freien Zugang zu Dir habe, dass Du nichts vor mir zurückhältst, und dass Du mir mit so einer Leidenschaft nachgehst.

Ich bete, dass Deine Gegenwart mir heute begegnet, dass ich Dir gerade jetzt begegne. Bitte gib Du mir einen wunderschönen Ort, Vielleicht einen Garten, wo ich hingehen kann, um Dir zu begegnen. Ich suche nach so einem Ort, wo ich mit Dir einfach Zeit verbringen kann, mit Dir reden kann, Deine Zärtlichkeit spüre und Deine Gaben empfange kann.

Ich brauche einen Ort, wo ich bei Dir Trost finden kann und auch Deine Perspektive in den schwierigen Situationen meines Lebens sehen kann. Ich möchte in der Lage sein, meine Lasten zu Deinen Füßen zu legen und ich denke dabei an diese speziellen Situationen, die mich gerade am meisten belasten. Ich kann sie nicht ändern. Ob Du sie änderst oder nicht, ich möchte sie Dir übergeben. Ich kann ihr Gewicht nicht länger tragen. Ich vertraue sie Dir an. Mach mit ihnen, was Du für richtig hältst. Diese Lasten sind nicht mehr länger in meiner Verantwortung.

Bitte mach mich darauf aufmerksam, wenn ich anfange, diese Last wieder selber zu tragen. Ich weiß, dass das passieren könnte. Ich glaube, was das Wort sagt, dass Du die Gerechten nicht verlässt und dass Du mich nicht um meine Bedürfnisse bettelnd zurücklässt.

Gib mir Deine Freude, Herr! Ich brauche mehr von dieser Freude, die aus dem verborgenen Ort bei Dir kommt. Ich weiß, dass sie Teil meines Erbes als Dein Kind ist, aber ich brauche Dich, damit Du sie mir übergibst. Ich finde sie alleine nicht. Wenn ich Dich an unserem besonderen Ort treffe, bitte offenbare mir Deine Liebe noch gewaltiger. Ich möchte so gerne die Weite, Tiefe und Höhe Deiner endlosen Liebe kennen. Mit Freude in meinem Geist, Amen.

Gott und Schöpfer, danke dafür, dass Du mich geschaffen hast und Deinen kreativen Geist in mich hinein gelegt hast. Danke auch, dass Du mir Verstand und Erkenntnis gegeben hast, damit ich auf verschiedene Arten für Dich sprechen kann.

Bitte zeige mir, wie Du mich siehst. Zeig mir die Gaben, die Du mir gegeben hast und hilf mir, sie schätzen zu lernen. Hilf mir auch, die Gaben zu würdigen, die Du anderen in Deinem Leib gegeben hast. Auf dass wir alle zusammen unter Deiner Leitung arbeiten, indem wir den Ausdruck Deiner wundervollen Natur am anderen ergänzen und verstärken und uns gegenseitig ehren, so wie wir Dir Ehre erweisen.

Ich bete, dass Du mir erlaubst, Dein Königreich weiterhin für den Rest meines Lebens auf der Erde weiterzugeben. Ich möchte die Gaben, die Du mir gegeben hast, treu und mit Gnade und Großzügigkeit benutzen. Ich segne Dein Werk in mir. Ich strecke meinen Geist aus, um all die Dinge zu segnen, die Du tust, auch wenn ich sie nicht verstehe. In Jesus und durch Ihn, Amen.

Wofür kann ich noch dankbar sein, Herr? Was kann ich Dir bringen? Mach meinen Geist sensibel für Deinen Geist.

Wenn Du mir zeigst, was Du mir in die Hände gegeben hast, möchte ich es gut verwalten. Ich werde es nicht vergraben und es verstecken. Hier ist es. Zeig mir, wo ich es einpflanzen soll. Zeig mir, wo ich es ein-

graben soll, damit es wachsen kann. Wache darüber, lass es wachsen, vervielfältige den Ausdruck Deiner Liebe dadurch.

Lass Deine Liebe darauf regnen, so wie sie auf mich regnet, damit Deine Liebe alles verändert- auch die Dinge, die keiner außer Dir sieht. Mach, dass nichts stirbt, was Deine Liebe berührt. Lass alles mit neuem Leben emporschießen- stärker und gesünder und sicherer werden.

Ich sage: „Gedeihe!", zu den Gewächsen, die ich in Deinem Auftrag überwache. Ich sage: „Gnade!", zu der Bepflanzung, die bisher noch nicht ausgetrieben ist. Ich spreche Leben aus, wo vorher noch nie etwas gewachsen ist. Danke, dass Du mir ermöglichst, mit Dir zusammen zu arbeiten. In der Stärke des Friedensfürsten, Amen.

Ich liebe Dich, Herr und ich gebe Dir mein Herz. Ich glaube, was Du über mich sagst und ich weiß, dass Du die Wahrheit sprichst. Du bist die Liebe. Du bist alles für mich. Meine Liebe gehört Dir, heute und an jedem weiteren Tag. Ich vertraue auf Deine Versorgung und Deinen Schutz.

Ich weiß, ich bin sorgfältig und wunderbar gemacht, und ich danke Dir, himmlischer Vater, dass Du mich nach Deinem Bild geschaffen hast. Alle Deine Werke sind wunderbar und sehr gut. Danke, dass Du mir einen Tisch bereitet hast, mit genau den richtigen Speisen für jeden Abschnitt meines Lebens, und dass Du mich täglich neu salbst. Mein Becher fließt über von Deiner Güte.

Ich sage ja und Amen zu Deinen Versprechen und zu allem, was Du für mich am Kreuz bezahlt hast. Ich glaube, dass mit Dir alle Dinge möglich sind. Ich sage ja und Amen zu Deiner Entscheidung, mich so zu erschaffen, wie ich bin und zu Deiner Aufforderung an mich, in Deiner Gnade zu leben. Danke, dass Du mir eine Bestimmung und ein Zeugnis gibst. Danke, dass Du mich segnest und mich hältst, dass Dein Angesicht über mir scheint und Du so gnädig mit mir bist. Ich bin so froh, dass Du Dein Angesicht über mich hebst und mir Deinen wahren Frieden gibst.

Mit Sicherheit werden mir Güte und Barmherzigkeit alle Tage meines Lebens folgen. Ich entscheide mich, Dir zu folgen. Ich entscheide mich, jeden Tag auf mein Herz aufzupassen. Mit meinem ganzen Herzen (das Herz, das Du wiederherstellst) liebe ich Dich. Ich bin so froh, ein Kind nach Deinem Herzen zu sein. Amen.

Über Beni Johnson

Brenda (Beni) Johnson und ihr Ehemann Bill sind Senior Pastoren der Bethel Gemeinde. Zusammen dienen sie einer wachsenden Anzahl von Gemeinden, die sich zusammengetan haben, um Erweckung zu erleben. Das apostolische Netzwerk hat Grenzen der Denominationen überschritten, indem es Beziehungen baut, die Gemeindeleiter befähigen sollen, in Reinheit und Kraft zu leben.

Beni hat eine Berufung für die Fürbitte, die ein wichtiger Bestandteil der Bethel Bewegung ist. Sie ist zuständig für das Gebetshaus von Bethel, leitet verschiedene Dienste u.a. den Fürbittedienst. Der Herr hat ihr ein Herz für zerbrochene Menschen jeden Alters gegeben. Ihr Einblick in Gebetsstrategien und ihre Einbindung in Gebets Netzwerke haben geholfen, den dringend nötigten Durchbruch für den Dienst von Bethel zu bewirken.

Benis Herz schlägt dafür, Menschen mit Freude an der Fürbitte anzustecken. Sie glaubt, dass es die Aufgabe der Fürbitter ist, den Herzschlag des Himmels zu erfassen und ihn in die Welt hineinzusprechen oder zu beten. Das ist wahre Übereinstimmung mit dem Himmel.

Besuche die Webseite von Benis Dienst unter www.benij.org. Dort kannst du dir einiges ansehen und anhören und findest ihren Reiseplan. Beni und Bill haben drei erwachsene Kinder, die alle verheiratet und in den Dienst eingebunden sind. Sie haben neun Enkel.

Über Sheri Silk

Sheri Silk ist die Geschäftsführerin der Gesellschaft „Advance Redding, INC". Diese neue Organisation arbeitet gemeinnützig Seite an Seite mit der Stadt Redding, um das Bürgerhaus zu leiten. Sie dient auch noch im Senior Management Team in Bethel und ist zuständig für Kleinkinderbetreuung und den Kinderdienst. Sie und ihr Mann Danny sind die Begründer des „Loving on Purpose Educational" Dienstes, der Familien und Gemeinschaften weltweit unterstützt. Sie sind seit siebenundzwanzig Jahren verheiratet und haben drei erwachsene Kinder und drei Enkel. Mehr Informationen über sie und ihren Reiseplan bekommst Du auf ihrer Webseite www.lovingonpurpose.com.

Über Theresa Dedmon

Theresa Dedmon hat einen Reisedienst, sowohl in den Vereinigten Staaten als auch außerhalb, der sich darauf konzentriert, Gemeinden auszurüsten und sie zu ermutigen, in ihre übernatürliche Bestimmung hineinzutreten. Sie zeigt den Gemeinden, wie sie ihre Stadt durch Kreativität und Liebe berühren können. Sie stärkt Menschen darin, ihre Träume zu verfolgen und lehrt sie, wie Gottes übernatürliche Kraft in jedem Teil des Gemeindelebens freigesetzt werden kann. Sie hat ihren BA in Psychologie mit Biblischen Studien im Nebenfach an der Vanguard Universität gemacht. Sie steht seit über fünfundzwanzig Jahren zusammen mit ihrem Mann Kevin im pastoralen Dienst. Derzeit ist sie im Stab der Bethel Gemeinde in Redding, und leitet dort die gesamten „Kreativen Künste“ und sie lehrt in der „Schule für Übernatürlichen Dienst“ in Bethel. Sie ist eine begehrte Referentin auf Konferenzen, die Menschen freisetzt, damit sie in übernatürlicher kreativer Kraft vorangehen können. Sie hat einen Leitfaden mit dem Namen „Cultivating Kingdom Creativity“ und ihr erstes Buch „Born to Create“ geschrieben.

Weitere Informationen und ihren Terminplan gibt es auf ihrer Webseite http://theresadedmonministries.com. Sie dient mit ihrem Mann Kevin und ihren drei Kindern Chad, Julia und Alexa.

Über Dawna DeSilva

Dawna DeSilva ist die Begründerin und Leiterin des Internationalen Heilungs- und Befreiungs Dienstes Sozo, der in Bethel entstand. Dawna ist auch eine der Leiterinnen des Tranformations-Zentrums in Bethel. Bei allem, was sie tut, sei es, Pastoren und Leiter in Sozo einzuweisen, über die Berufung zu lehren oder prophetisch zu dienen, setzt sie Menschen, Gemeinden und Städte frei für neue Visionen und Freiheit. Wie traumatisch die Wunden im Leben der Menschen auch sein mögen, Dawna dient ihnen mit Autorität und Behutsamkeit, und gibt Hoffnung und Heilung weiter.

Dawna ist national und international unterwegs, um Basis und Fortgeschrittenen Sozo Seminare zu halten. Sie lehrt auch über den prophetischen Dienst und über physische Heilung. Wenn du mehr erfahren möchtest, dann kannst du ihre Webseite besuchen: www.bethelsozo.com. Dawna und ihr Mann Steve haben drei erwachsene Söhne und leben in Redding in Kaliforniern.

Über Jenn Johnson

Jenn Johnson und ihr Mann Brian sind die Senior Lobpreis Pastoren der Bethel Gemeinde, und beaufsichtigen die Lobpreisschule von Bethel, „WorshipU" und „Bethel Music". Ihre Aufgabe ist es, den Menschen die Erfahrung weiterzugeben, Gottes Königreich und Seine manifeste Gegenwart durch Lobpreis zu erleben. Brian und Jenn sind mit auf den Bethel Live Alben und auf „The Loft Session" und haben viele kraftvolle Lieder geschrieben, wie zum Beispiel „One Thing Remains", „Love Came Down", „God I look to You" und „O Taste and See". Ihre Herzen schlagen dafür, dass sich starke Leiter entwickeln, die charakterstark ihren Weg gehen und Menschen dahin führen, Lobpreis nicht einfach als Musik zu betrachten, sondern „Lobpreis als Lebensstil" zu leben. Jenn und Brian leben mit ihren drei wundervollen Kindern in Redding in Kalifornien und verbringen ihre freie Zeit mit Freunden und Familie. Mehr Informationen über Jenns Musik und Dienst bekommst du unter www.jennjohnson.com, oder über Jenn und Brians Lobpreis Musik auch unter www.BethelMusic.com. Jenn tritt auch gerne mit dir über Twitter (@JennJohnson20) oder Facebook (www.Facebook.com/BrianandJennJohnson) in Kontakt.

Über April LaFrance

April ist Gründerin und Geschäftsführerin von OnDaySix (www.ondaysix.com), einer Internet-Dating-Firma, die soziale Verbindungen stärken möchte, indem sie multimediale pädagogische Hilfsmittel einsetzt. Ihr Herz und die Vision gehen dahin, Christen zu befähigen, einander mit Weisheit und durch gesundes Dating auszuwählen, und sie zu lehren, sich auf die richtige Art zu lieben.

Als Unternehmerin in vierter Generation kann April auf eine reiche Geschichte voller Innovation zurückblicken und hilft dabei, gegen eines der größten Probleme weltweit anzukämpfen- den Zerrbruch der Familien. Zusammen mit dem OnDaySix-Team hat sie die Vision, Einfluss zu nehmen und Anstoß zu geben für die stärksten Ehen, die dieser Planet jemals gesehen hat.

April ist außerdem eine sehr dynamische Referentin, deren praktische Weisheit und lebendige Art, Geschichten zu erzählen, sie dabei unterstützen, die Botschaft von wahrer Hoffnung für bessere Beziehungen weiterzugeben. Sie ist seit zwölf Jahren mit der Liebe ihres Lebens, Josh LaFrance, verheiratet. Zusammen leben sie in Nordkalifornien, wo sie ihre zwei großartigen Kinder- einen eigenen Sohn und eine aus dem Ausland adoptiere Tochter mit Liebe großziehen. In ihrer Freizeit klettert April gern in den Bergen, verbringt wertvolle Zeit mit engen Freunden und reist rund um den Globus.

Über Brittney Serpell

Brittney leitet die Entwicklung und Ausbildung der Kinder- und Kleinkinder-Mitarbeiter in der Bethel Gemeinde und hat die Verantwortung für die Veranstaltungen des Kinderdienstes. Sie ist mit Ben Serpell verheiratet, dem Jugendpastor in Bethel, und zusammen haben sie zwei wunderschöne Mädchen, Delani und Adalyn, und ihren Sohn Lincoln. Brittneys Leidenschaft ist es, Menschen durch die beziehungs- und Teambildenden Hilfsmittel, die sie lehrt, neu bevollmächtigt zu sehen. Wie ihr Vater Danny Silk ist sie ein guter Kommunikator (Autor von „Kultur der Ehre“). Sie und ihre Mutter Sheri Silk haben gemeinsam ein Kapitel in diesem Buch geschrieben. Durch ihre Kindheit im Hause Silk hat sie für ihr Alter ein reiches Wissen. Brittney ist außerdem zertifizierte Elterntrainerin des „Love and Logic“ Instituts.

Über Julie Winter

Julie Winter ist praktizierende Krankenschwester mit einem Master in der Krankenpflege der UCLA. Aktuell arbeitet sie in einer privaten Familienpraxis in Redding in Kalifornien. Sie hat über vierundzwanzig Jahre Erfahrung mit der Behandlung von psychischen Störungen.

Julie dient außerdem im Vorstand der Bethel Gemeinde und wünscht sich von Herzen, Menschen dabei zu helfen, frei von Angst und Depression zu werden. Julie und ihr Mann Mike haben zwei erwachsene Kinder und ein Enkelkind.

Bücher aus der Bethel Church im Grain-Press Verlag